JN017316

7日間で合格する 小論文

読み方&書き方を完全マスター!

総合型選抜専門塾
AOI元講師 河守晃芳 著

Gakken

はじめに

この本は、大学受験の小論文で合格を勝ち取るための参考書です。ただし、単に問題演習をするだけではなく、本書で扱った問題以外にも応用できるような小論文の書き方、考え方を丁寧に説明しています。

小論文は、高校において正式な科目ではありません。そのため、高校の先生から、小論文を基礎から教わった人は少ないと思います。しかし、大学入試は容赦なく皆さんに迫ってきます。そこで、この本が必要になってくるというわけです。

高校において、小論文は国語や現代文の科目の一環として扱われることが多いそうです。もちろん、現代文と小論文には、似ている点が数多く存在するため、仕方ない側面はあるでしょう。しかし、小論文を正しく解いていくためには、現代文とは違った独特な文章構成を学ぶ必要があります。

かつての小論文の参考書は、書き方のテンプレートを覚えて、それに当てはめて文章構成を練るものが大半でした。しかも、そのようなテンプレが大学側にもバレていて、あまり高得点が取れないという状況も起こっているようです。

この本では、小論文の本質を分析し、どのような問題でも高得点が取れるようにレクチャーしてあります。受験には「可能性は反復に比例する」という格言がありますが、何度もこの本を繰り返し演習することによって、確実に小論文の実力が付きますので、どうかこの本を使い尽くしてください。

最後に、この本の出版を後押ししてくれた、学研の皆さん、そしてAOIの皆さんには感謝してもしきれません。加えて、AOIに通ってくれた生徒さんがいなければ、この本は完成しませんでした。私と関わっていただいた全ての人に感謝し、この文章の結びとさせていただきます。

河守晃芳

本書の構成と使い方

本書は、時間のない受験生のために作られた小論文の本です。7日間完成で、小論文の基礎から入試レベルまで学習することができます。入試頻出のテーマを厳選し、合格答案と不合格答案も紹介しています（7日目は合格答案のみ）。書き方を学んだら、自分なりの答案をどんどん書いてみましょう！　小論文はネタとして書くためのある程度のインプットと、できるだけ多くのアウトプットが大事です。

1日目 小論文とは

小論文の基本的な知識やルール、構成の作り方などを学びます。簡単なワークで、構成について理解を深めましょう。

2日目 テーマ型小論文

あるテーマが与えられ、そのテーマについて自分の意見を書く小論文について学びます。

3日目 解決策を提案する小論文

現代を取り巻くさまざまな問題について、自分なりの解決策を提案する小論文の書き方を学びます。

4日目 課題文がある小論文①

課題文を読み、要約や自分の意見などを書く小論文について学びます。4日目では、まず課題文の読み取り方と要約の仕方について学習します。

5日目 課題文がある小論文②

5日目では、基本的な問題から頻出テーマの問題に取り組みます。

6日目 グラフや資料がある小論文

グラフや資料を読み解き、解答に反映させる小論文について学びます。グラフや資料のどこに着眼すればいいか、コツをつかんでいきます。

7日目 入試問題にチャレンジ！

一通りのパターンを学んだら、最後に学部系統別に頻出テーマの総合問題に取り組みましょう。5題用意しましたので、自分の受験する学部に近い問題、出題されそうなテーマの問題を2題選んで解きましょう。もちろん、全部解いてもよいでしょう。

※補講動画つき

本編で扱った一部のテーマについて、さらに詳しい解説動画つきです。（動画は予告なく終了することがあります。）

※本書の答案は、基本的に実際の高校生が書いたものを採用しています。
※本書で提示している答案例の字数は、余白を含めずに計算しています。

原稿用紙の使い方

ここでは、小論文を実際に解く前に知って欲しい原稿用紙の使用法について解説します。これらのルールが守られていないと、本番のテストでも減点されてしまうので、要注意です。特に①の「書き出しと段落の最初を1マス空ける」ことは絶対に守ってくださいね。

～原稿用紙の使い方～

①　書き出しと、段落の最初は1マス空けて文章を始めよう

②　数字の書き方

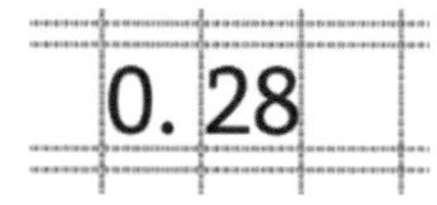

▶数字は1マスに2文字書きましょう。小数点【.】も同様です。

③　アルファベットの書き方

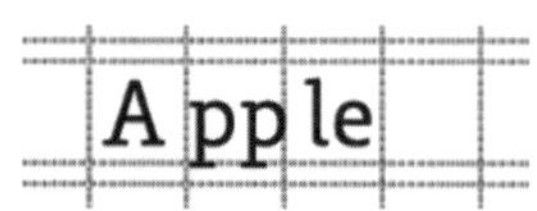

▶大文字は1マスに1文字、小文字は1マスに2文字書きましょう。

④ 記号の書き方

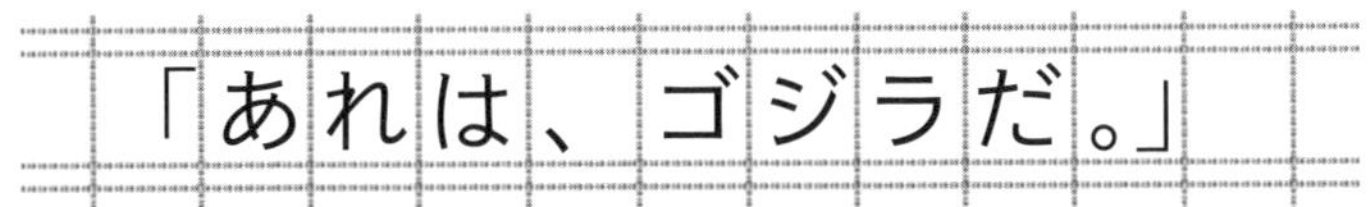

▶句読点【。】【、】や、カギカッコ【「」】などの記号は、原則として1マス分を使って書きます。ただし、次のような例外に気をつけてください。

例外1

句点【。】と閉じカッコ【」】が続くときは、同じマスに書きます。

例外2

記号が行の最初のマスにきてしまうときは、前の行の最後のマスに入れます。

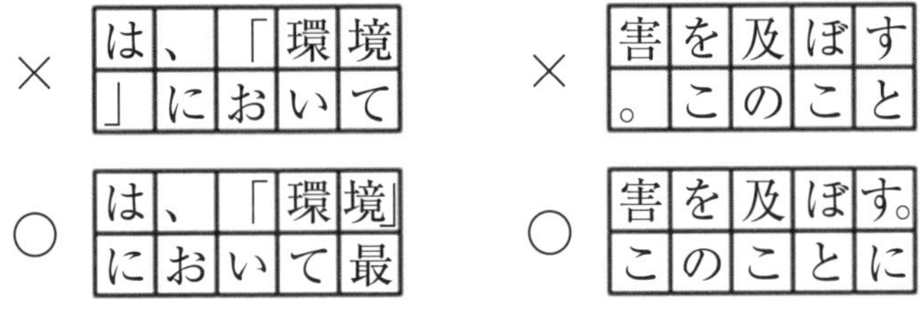

⑤ 記号を書く位置

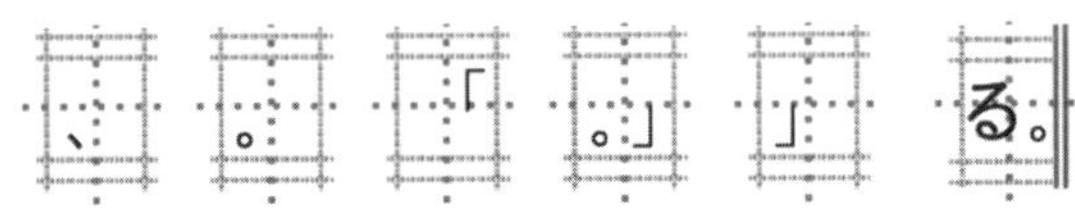

▶このように、記号には適切な場所があるので注意しましょう。

▼改行するときのタイミング

① 話の展開や内容が変わるとき
→序論から本論に移るときや「確かに〜という意見もあるが」というように、譲歩するときも話の内容が変わるので、改行すると読み手も読みやすくなります。
② 見やすくしたいとき(視認性を上げたいとき)
→1段落が長くなりすぎると、採点官が文章を読みにくくなります。そのため、1段落が100字**以上続いた場合は**、適切なタイミングで段落を変えましょう。

▼原稿用紙の細かいポイント

▶小さく書く【ゃ】【ゅ】【ょ】や、長音記号【ー】は最初のマスに入れてよい
▶感嘆符【!】や疑問符【?】は使わない。
▶改行した際に生じる原稿用紙の余白も、字数としてカウントされる

1 日目

小論文とは

小論文の基本的な知識やルール、
構成の作り方などを学びます。
簡単なワークで、
構成について理解を深めましょう。

小論文とは

最初に、小論文それ自体について解説していきます。

早速ですが、小論文ではどのような問題が出題されるか知っていますか？まずは、実際に出題される問題を見てみましょう。例えば、このような問題（設問）が出題されます。

例題

あなたは死刑制度に賛成か、反対か。あなたの意見を論じなさい。

この問題を見て、どうやって書いていけばよいか、イメージできますか？　いきなりなので、もしかしたら難しいかもしれません。

では、ここでクイズを出しましょう。次の二つの答案から、上記の例題に対して、どちらが得点の高くなる小論文かを選んでみてください。

答案 A

私は、死刑制度に反対だ。なぜなら、死刑は人を殺すため、かわいそうだと考えたからだ。このように、国家が人殺しをしてよいはずがない。日本は死刑制度がまだあるので、世界的に遅れていると考えられる。

答案 B

私は、死刑制度に反対だ。理由としては、死刑制度が生きる権利を奪う行為であるからだ。死刑判決が出た後に無罪が確定した事例もあるため、えん罪によって死刑が執行される危険を防ぐ必要もあるのだ。

※えん罪…無実であるのに犯罪者として扱われること。

正解は…「答案B」のほうがよい解答だといえます。

では、なぜ答案Bがよいのかを、小論文の前提を説明しつつ解説していきましょう。

小論文は、大学入試の採点官が採点をします。その際、**最も重要な視点は、「この文章を読んで納得できるか」という点**です。そう考えると、小論文とは、相手を納得させることができる文章といえるでしょう。そう考えてみると、説得力の高い文章は、どちらでしょうか？

答案Aを見てみましょう。この文章は、小論文とはいえません。なぜなら「かわいそうだから」のような個人的な感情を持ち出したり、「国家が人殺しをしてよいはずがない」などといった主観的な決めつけを入れて説明したりしているからです。このような文章では、相手を納得させることができませんね。

では、答案Bを見てみましょう。この文章は、死刑制度に反対の理由として、「生きる権利を奪う行為」であることや、「えん罪における死刑執行の危険性」もあることなどの客観的事実をもとに主張を展開しています。よって「答案B」のほうが説得力のある文章といえるのです。

まとめ

小論文＝問題に対して、意見と根拠を論理的に説明し
相手を納得させる文章

答案A・Bの例で見たように、相手を納得させるためには、主観的ではなく客観的な文章を書くことが必要になってきます。なぜなら、客観的な論理であれば誰にでも理解できますが、主観的な観点から述べたものは誰にでも理解できるものではないからです。小論文はあくまで、採点官を納得させなければ高得点は取れないので、主観的になっていないか要注意です。なお、主観と客観については、後ほど詳しく説明します。

また、小論文と作文の違いについても後ほど説明しますが、本書では特に「論理的な文章」について解説していきます。

【小論文が入試で出題されるのは、なぜ？】

では近年、小論文が大学入試で多く出題されるようになったのはなぜでしょうか？

その目的としては、**５教科７科目の学力試験だけでは十分に測ることのでき**

ない論理的思考力、知識力、文章力などを評価することであるとされています。逆にいえば、小論文を書く練習をすれば、論理的思考力や知識力を身につけることができるともいえます。そのため、受験生にとっては、小論文を書く練習をすることによって、社会問題を知り、大学入学後も通用する文章表現力を身につけられるというメリットもあるのです。

だからこそ私は、この本で小論文の書き方を学ぶことで、大学入試を突破するだけではなく、「深い教養」も身につけてほしいと考えています。小論文は、大学入試で唯一「総合的な教養」が問われる科目です。つまり、単語などを暗記すればできるようになる科目ではなく、さまざまな知識を統合して、論理的に記述しなければ高得点を取れない科目なのです。したがって、小論文を書く練習は、これからの人生を生きていくうえでもきっと役立つでしょう。ぜひ小論文を前向きな気持ちで学んでほしいと願っています。

【小論文を勉強すると身につくこと】

1　物事を論理的に考え、伝える力

小論文を書く練習をすることは、現代文の記述問題はもちろん、志望理由書や自己推薦書など、他の文章を書くときも役に立ちます。しかも、グループディスカッションやプレゼンテーションなど、物事を整理して説明するときにも、小論文のスキルが応用できます。

2　あらゆる分野に対する教養

小論文を書くには、あらゆる分野の知識が必要になります。そこには、社会に出てから教養として必要になる知識も多く含まれます。

3　正しい日本語を書く力

大学入学後は、講義でのレポートなど、文章を書く機会が増えてきます。だからこそ、小論文を書くことで、今のうちに正しい日本語・文法で文章を書くトレーニングをしておきましょう。

小論文の基礎

小論文と混同しやすいものに、作文があります。まずは、その違いを見てみましょう。簡単に説明すると、次のようにいえます。

- ▶ 小論文：自分の意見を筋道の通った論理で説明し、読み手を納得させるための文章。
- ▶ 作　文：自分の感想や価値観を表現し、それを読み手に伝えるための文章。

主観・客観という視点について説明すると、次のようにいえます。

- ◎ 主観：自分の立場からの見方や考えのこと。
- ◎ 客観：誰の立場から見ても変わりようのない事実のこと。

では、主観的な文章と客観的な文章の具体的な事例を挙げてみましょう。

1 主観的な文章：スカイツリーは夜に見ると、とてもきれいだ。

2 客観的な文章：スカイツリーは、高さが634mある。

これらの文章を見てください。スカイツリーを見てきれいだと思うかどうかは人によって異なりますよね。そのため、1は主観的な文章だといえます。一方、スカイツリーの高さは変わりようのない事実であるため、2は客観的な文章だといえます。「誰が読んでも解釈が変わらない」文章が客観的な文章なのです。

▼小論文と作文の違い

- ◎ 作文では修辞技法を使うが、小論文では使わない（体言止め・倒置法・比喩などは人によって受け取られ方が異なるため、小論文では使用しない）。

- 作文は、自分の感じたことや思ったことを書く。小論文は、客観的事実をもとに、論理的に主張を組み立てて書く。
- 作文は、文章中に主張がなくてもよいが、小論文は明確な自分の意見(主張)がある。

ここからは、客観的な小論文を書いていくコツを伝授していきます。

客観的な小論文を書くときのコツ

1 具体的な事例や根拠を示すことができるような内容であること。
→広く普及している考えや事例を挙げるとよい。

2 誰が見てもわかる表現や単語を使う。
→採点官が理解できなかったら点にならないので気をつけよう。

3 極端な表現や極論を避ける。
→「絶対に〜」「決して〜ない」などの強い断定は避けよう。

4 オリジナリティを求めるあまり奇抜な考えは書かない。
→ただし、自分なりの明確な根拠や論理があるときなら書いてよい。

5 感情を表す形容詞や動詞は主観が入るので使わない。
→「うれしい」「美しい」「心配する」などは感情が入る。

では、次にダメな小論文の例文を見て、理解を深めてみましょう。

設問

日本における教育格差を是正するための解決策を論じなさい。

主観的な解答例

私は、日本における教育格差を是正するために、貧乏人にはお金を月に100万円くらいばらまくべきだと思う。日本の教育格差はとてもひどく、絶対に解決しなくてはならない問題である。このような問題を考えると、日本の未来を心配してしまう。日本では、お金持ちがいい塾に通い、貧乏人は塾に行けない。これではかわいそうだ。だからこそ、全員が塾に行けるようにするため、貧乏人にお金を月に100万くらいをばらまくべきだと考えた。

この文章を読んで、あなたは納得できたでしょうか？　多分、ほとんどの人が納得できなかったのではないでしょうか。なぜ納得できなかったかというと、この文章が、独りよがりで主観的な文章だからです。小論文は、読んだ人に納得してもらわなければなりません。つまり、先述したとおり、「客観的」な文章でなくてはなりません。以下、どこがよくなかったのかを見ていきましょう。

不合格答案

私は、日本における教育格差を是正するために、①貧乏人には②お金を月に100万円くらいばらまくべきだと思う。日本の教育格差は③とてもひどく、④絶対に解決しなくてはならない問題である。このような問題を考えると、日本の未来を⑤心配してしまう。日本では、お金持ちがいい塾に通い、貧乏人は塾に行けない。これでは⑤かわいそうだ。だからこそ、全員が塾に行けるようにするため、貧乏人にお金を月に100万くらいをばらまくべきだと考えた。

①貧乏人という単語も差別的で、主観的な単語である。例えば、「世帯年収が平均以下の家庭」などと定義すれば客観的な文章となる。

②月に100万円を配っている国はないし、現実性がない。このように、オリジナリティを求めるあまり、突飛な考えを書いてしまわないように注意しよう。具体的な事例を挙げられる解決策がよいだろう。つまり、他の国で実際に行われている施策などを挙げるのがよい。

③これも主観といえる。世界各国と比べて本当にひどいのであれば、こう述べても構わないが、そうでなければこのような強い言葉は使ってはならない。

④解決すべき問題なのは間違いないが、「絶対に〜」は、小論文にふさわしい表現ではない。

⑤感情のこもった言葉は使用しない。この場合は、他国と比較するなどして、「心配」「かわいそう」という言葉を使わずに、なぜそう考えたかの理由を書くようにしてみよう。

ここからは、小論文のルールについて解説していきます。

小論文のルール

1 一人称は【私】とする
2【～だ】【～である】調で書く（です・ます調で書かない）
3 話し言葉は使用しない
4 一文はある程度短めにする（40～60字が目安）
5 接続語を正しく使用する
6 修辞技法を使わない（体言止め、倒置法、比喩などは人によって受け取られ方が異なるため、小論文では使用しない）
7 ひらがなにすべき言葉は、ひらがなにする
8 制限字数を守る

1 一人称は【私】とする

小論文においては、自分のことは「私」とするのが原則です。これは男女問わずそうしましょう。我・僕・あたし・俺・自分・吾輩などは使用しないようにしましょう。

2 【～だ】【～である】調で書く（です・ます調で書かない）

「です・ます調」とは、文末を「～です」「～ます」などの丁寧語に統一する文体のことで、敬体ともいいます。敬体は、読み手に丁寧で柔らかな印象を与えます。

例 私はリンゴが好き【です】。

「だ・である調」とは、文末で敬語を使わず「～だ」「～である」と書く文体のことで、常体ともいいます。「です・ます調」よりも強い断定形になり、やや堅い印象を与えます。

例 私はリンゴが好き【だ】。

この本では、基本的に「だ・である」調で書くことを推奨しています。なぜなら、小論文はあくまで「小さな論文」だからです。論文は「だ・である調」で書くのが一般的なので、そちらで書くようにしましょう。「だ・である」調のほうが文字数を抑えられ、重要な部分の文字数を増やすことができます。ちなみに、「です・ます調」と「だ・である調」を混在するのはNGです。文章のリズムがバラバラになりますし、誤った使用法なので、減点されてしまいます。

3 話し言葉は使用しない

小論文で文章に話し言葉を使用すると減点対象になってしまいます。話し言葉は、次の表のように言い換えるようにしましょう。

話し言葉	書き言葉	話し言葉	書き言葉
やる	行う	いろんな	さまざまな
ダメだ	不十分だ/～してはならない	～していて	～しており
～じゃない	～ではない	だんだん	次第に・徐々に
～しちゃった	～してしまった	どんどん	急速に・ますます
～しといた	～しておいた	やっと	ようやく
なので・だから	したがって・そのため	絶対に	必ず・紛れもなく
けど・けれども	～(だ)が・～(で)はあるが	ちゃんと	きちんと・正しく
でも・だけど	しかし・だが	～みたいな	～のような
とても・すごく	非常に・たいへん・極めて	～したとき	～した際
もっと	より	どんなに	どれほど
だいたい	およそ・約	しかも	さらに・加えて
いい	よい	やっぱり	やはり
全然	全く	一番	最も
こんなに・そんなに・あんなに	これほど・それほど・あれほど	どっち	どちら・いずれ

4　一文はある程度短めにする（40〜60字が目安）

一文が長くなってしまうと、主語と述語がかみ合わない文章になることがあります。また、読みにくくもなるので、減点されてしまう可能性もあります。そのため、基本的に一文は60字以内ほどに収めましょう。

5　接続語を正しく使用する

小論文を書くときは、接続語を正しく使用しなくてはいけません。文のつながりを明確にするためには、接続語をしっかり用いることが大切です。次の表にそれぞれの接続語のはたらきを説明しています。

接続語	はたらき
しかし・だが・ところが	前とは逆のことを述べるはたらき。後に重要なことを言うことが多い。
要するに・このように・まとめると	前の内容をまとめるはたらき。
例えば	具体例を挙げるはたらき。
また・そして・さらに・加えて・しかも	前の内容に対して、後の内容を並べたり付け足したりするはたらき。
したがって・そのため・ゆえに・それゆえ	前の内容に対して、その当然の結果や結論がくることを表すはたらき。
それとも・あるいは・または・もしくは	前の事柄と後の事柄のどちらかを選ぶはたらき。
さて・ところで	話題を変えるはたらき。

6　修辞技法を使わない（体言止め、倒置法、比喩などは人によって受け取られ方が異なるため、小論文では使用しない）

▼体言止め

体言止めとは、文末を体言（名詞）で止め、印象を強める手法のことです。

例　遠くに見える青い山。

▼倒置法

倒置法とは、文章の語順を通常とは逆にして、印象を強める表現技法です。

例 命だ。私が救いたいものは。

▼比喩

いいたい事柄を何かに喩(たと)えることによって、わかりやすく表現する技法です。

例 彼は太陽のような人物だ。

このような修辞技法は、小論文では使用せず、客観的に、誰にもわかりやすい表現を心がけるようにしましょう。

7 ひらがなにすべき言葉は、ひらがなにする

基本ルールとして、補助動詞、副詞、接続詞、代名詞、助詞、助動詞、連体詞、感嘆詞はひらがなにしましょう。漢字だらけでは非常に読みづらい文章になってしまいます。次の表は代表的な例ですが、こちらを参考にして、制限字数に気をつけながら、ひらがなで表記すべき言葉は適切にひらがなを使いましょう。

ひらがなで書くべき言葉リスト

漢字	ひらがな	漢字	ひらがな	漢字	ひらがな
～に当たって	～にあたって	事・物・時	こと・もの・とき	但し	ただし
恐らく	おそらく	出来た	できた	或いは	あるいは
為	ため	貴方	あなた	此れ	これ

※常用漢字の代名詞「私・君・彼」などは漢字でもよい。

8 制限字数を守る

当たり前のことですが、制限字数は守りましょう。目安としては、次の通りです。

- 「○○字以内」→指定された字数の90%以上は埋める。最低80%以上。原則として、一字でもオーバーしたら0点だと考えよう。
- 「○○字〜○○字」→指定された字数の範囲内で収める。
- 「○○字程度」→指定された字数の±10%くらいに収める。ちなみに、40%以上オーバーしても合格した事例もあるので、大学によって程度の大小はあると考えてよい。

小論文の採点基準

ここでは、小論文の採点基準について解説していきます。
小論文の採点基準としては、次の5点だと考えてよいでしょう。

小論文の採点基準

1 設問の理解度（設問に正確に答えられているか）
2 論理的思考力（客観的で説得力のある文章になっているか）
3 語彙力・表現力（正しい日本語を使用できているか）
4 文章の構成（適切に文章を構成できているか）
5 論述の内容・知識力（内容に妥当性があるか）

それぞれ解説していきます。

1　設問の理解度（設問に正確に答えられているか）

設問を理解し、それに適切に答えている答案が高得点を獲得することができます。実際、採点をしていると、設問に正確に答えられていない答案も多く見られます。
例えば、次のような設問の場合の書き出しを見てみましょう。

例 **【設問】**「あなたは、グローバル化に対して賛成ですか、反対ですか。400字以内で論じなさい。」

【書き出し】「私は、グローバル化に対して賛成/反対です。なぜなら～」

もちろん、小論文にはいろいろな書き方がありますが、このようにして、設問にしっかり答えていることを採点官にアピールすることで、高得点に近づけます。

2　論理的思考力（客観的で説得力のある文章になっているか）

当然のことながら支離滅裂な文章では、決して高得点を取ることはできません。述べている内容のつながりが妥当であり、説得力のある文章が評価されます。また、先述したように、主観的な文章では感情的になりがちで論理的ではないため、減点されてしまいます。

3　語彙力・表現力（正しい日本語を使用できているか）

正しい漢字を使用できているか、そして正しい表現を使用できているかは重要です。「小論文のルール」で言及したように、適切な表記で正しい日本語を書けているかも大事です。漢字で書くべきものは漢字で書き、ひらがなで書くべきものはひらがなで書きましょう。また、「頭痛が痛い」のような重複した表現をしてしまうなど、根本的な間違いにも注意しましょう。

4　文章の構成（適切に文章を構成できているか）

適切な文章構成で書けているかが重要です。文章の構成の仕方に関しては後述しますが、きっちり「序論・本論・結論」の順で書けているかも重要になります。また、「～に関する解決策について論じなさい。」といった設問ならば、「問題の原因・解決策」の二つの要素は最低限含まれていなければなりません。このように、文章の構成として欠けてはいけない要素を抜かしていないか、または、いらない要素が入っていないかもここで評価されます。

5　論述の内容・知識力（内容に妥当性があるか）

小論文の書いた内容に妥当性があるかが見られます。例えば、「SNS上で悪口を言うことが問題になっています。この問題の解決策を論じなさい。」といった問題に対して、

①SNSを使用することを全面的に禁止する。

②SNSの嫌がらせに対して、一定の規制を設ける。

という二つの解決策のうち、どちらのほうに妥当性があるでしょうか。そして、どちらのほうが現実の解決策として実現可能性があるでしょうか。もちろん、①

は非現実的ですよね。①でどれだけSNSが悪いかを論理的に書けていたとしても、内容の妥当性がなければ、ここで減点されてしまうのです。

小論文の減点ポイント

ここでは、よくある小論文の減点されてしまうポイントについて解説します。

1　最後まで書けなかった。もしくは文字数オーバーしてしまった

文字数が明らかに足りない場合は、大幅な減点がされます。先述したとおり、文字数の基準は制限文字数の最低8割以上、理想は9割以上となります。ただし、5割くらいしか書けていないにもかかわらず、試験が終了直前になってしまった場合は、強引にでも論をまとめて部分点を狙いましょう。明らかに書きかけの文を提出した場合は、0点になってしまう可能性があるからです。字数オーバーも設問に反しているため、0点になる可能性があるので気をつけましょう。

2　設問に正しく答えていない

設問の意図を正しく読み取って答えることは、とても大事です。例えば、「日本の少子高齢化問題の解決策を論じなさい。」という問題が出題された場合、少子高齢化の対策とその説明をしていけばよいのですが、間違ったことを書いてしまうこともあります。たとえば、「私は少子高齢化を解決するために、この大学に入ったら～したい。」などと聞かれてもいないことを答えてしまうパターンです。この問題では、解決策を聞いているだけで、大学に入った後のことは聞いていません。また、他の例としては、設問では「日本についてのこと」を問われているのに、他国の視点で書いてしまうなどが挙げられます。

3　日本語や原稿用紙の使い方にミスがある

日本語の使い方のミスは、非常に多く見られます。言葉遣いや文法以前に、漢字の復習をすることも重要です。原稿用紙の使い方は、P.6～8を参照して正しい使い方を確認してください。書き終わったら、一度見直しをするようにしましょう。

小論文に独自性って必要？

あなたは、小論文を担当する先生から「自分にしか書けない小論文を書け」と言われたことはありませんか？　小論文の参考書を見ると、そのほとんどに「独自性を出すことが大切」と書いてあります。

ちなみに、慶應義塾大学法学部が「法学部の論述力について」というテーマで次の採点基準を示しています。

慶應義塾大学法学部の示している採点基準

広い意味での社会科学・人文科学の領域から読解資料が与えられ、問いに対して論述形式の解答が求められる。小論文を課す目的としては、受験生の理解、構成、発想、表現などの能力を評価することにある。

・読解資料をどの程度理解しているか
・理解に基づく自己の所見をどのように論理的に構成するか
・論述の中にどのように個性的・独創的発想が盛り込まれているか
・表現がどの程度正確かつ豊かであるか
が評価の対象となる。

太字の部分を確認してみてください。上記の採点基準を見ると、確かに独自性を出すことが必要だとわかるでしょう。ただ、独自性を出せと言われても、どのように出せばいいのかわからないのが現状だと思います。受験生が小論文で独自性を出そうとした場合、的はずれな解答を書いてしまうこともあります。

では、その具体的な事例を挙げて考えてみましょう。ここでは、よく出題される「死刑制度に対して賛成か、反対か」という問題で独自性を出そうとしてみましょう。この問題は、「賛成」「反対」のどちらかの立場で論じていくわけですが、死刑制度の賛否に関しては、大学などの研究機関においても既に研究が進んでいます。かつ、多くの法学者が法学的な論拠をもってさまざまな主張を繰り広げています。そのため、高校生レベルの知識量で無理やり「独自性」を出そうとすると、「死刑にしないと被害者の遺族の怒りがおさまらないから」とか「悪いことをした人が死刑になれば、世間のストレス解消になるから」のような、主観的かつ理解を得られない解答を出してしまうことがあるのです。受験生によっては、無理やり的はずれな体験談を入れようとする人もいます。このように、受験生が自らの知識量の中で独自性を出そうとしてしまうと、他の重要な採点ポイントである「論理性」や「客観性」に反してしまうのです。

では、大学側の求めている「小論文における独自性」とはどのようなものなのでしょうか？　自分にしか書けないオリジナルな解答を書こうとすると、他の採点基準に反してしまうというジレンマをどうやって解消すればいいのでしょうか？　そもそも、このような疑問が生まれる根本的な原因は、**多くの受験生の考える「独自性」と大学側の求める「独自性」が乖離（かいり）している**からだと思われます。

具体的にいえば、両者の認識は次のようにズレていることが多いのではないでしょうか。

▼独自性に対する考え方

- **受験生のよくある誤った認識**：自分にしか書けない奇抜な主張や内容を書くのが望ましい。
- **大学側が求めること**：あくまでも客観的な主張に基づく文章の中で、他の受験生との差を判断するために知見・洞察の深さをアピールしてほしい。

このようなズレを踏まえて考えると、主張や理由に関しては、あくまでも常識的かつ客観的な解答を書けばよいでしょう。なぜなら、主張や理由に関して独自性を出そうとすると、主観的で独りよがりな解答になることは避けられないからです。そのため、私は、あえて「**独自性はいらない**」と言います。基本的には、**一般的な主張や学説に対する知識を身につけ、それに沿って書けば合格できる**からです。実際に、それで多くの受験生が合格しています。

ですが、全く独自性がいらないという訳ではありません。正確に言えば、**主張や理由、根拠に関しては独自性は必要ありません。独自性を出すとしたら、自分なりの具体例を使用する**とよいでしょう。

小論文において最も重要な思考プロセスの一つは、「適切な具体例を挙げる」ことです。**自らの主張や根拠を効果的に説明する具体例が、独自性を出すことにつながります**。それこそが、「自分にしか書けない小論文」をアピールするための鍵となるでしょう。

先ほどの死刑制度に関しては、次のように実際のえん罪事件を取り上げて独自性を出すとよいでしょう。こうした適切な具体例を挙げられることが、大学が求めている「発想力」であり、「独自性」なのです。

合格答案

私は、死刑制度に反対だ。その根拠として、えん罪の存在がある。例えば、有名なえん罪事件としては、免田事件がある。これは、被告人に死刑判決が下されたのち、31年もの歳月が経過した後、再審で無罪が確定した事件である。この事件の被告人は、無罪が確定したからよかったが、もしもえん罪のまま死刑が執行されてしまった場合は、えん罪被害者の生命と名誉の回復は不可能となってしまう。また、誰しも判断を誤る可能性があるため、常にえん罪のリスクが付きまとうともいえる。よって、適切な判決を下し直すことが不可能な死刑制度には、反対だ。

このように、主張を効果的に補完する具体例を多く知っておくことは、小論文の得点アップにつながります。ただし、そんな背景からか、「小論文は知識があれば書ける！」と豪語される指導者の方もいます。確かに、小論文で圧倒的な高得点を取得して合格する受験生の多くが、知識量が豊富な人です。そのため、「知識があれば合格できる」という意見は、一面的には正しいといえます。しかし、時間がない受験生が、今から多方面にわたって膨大な知識をつけることは可能でしょうか。現実的には、不可能に近いでしょう。

だからこそ、むやみに本を読んで知識を仕入れるのではなく、「多くの問題に応用しやすい具体例を押さえておく」ことが必要となります。なぜなら、小論文で出る知識の範囲はある程度決まっており、頻出の問題が多数存在しているからです。そのため、初見の問題であっても、頻出問題の組み合わせでしかないということも多々あります。したがって、応用の利く具体例を知っておくことで、入試で出る範囲の小論文においては、最短で高得点を取ることができるのです。

この本では、そのような頻出問題を精選し、多くの問題で使用しやすい解答例を数多く採用しています。何度もこの本を読めば、小論文で得点アップにつながるでしょう。

最後に、小論文で使用できる知識をつけるための本を紹介しておきます。以下の本は何度も読む価値のある本です。ぜひ皆さんも購入して読んでみてください。

▼知識をつけるためのお勧め本

『読むだけ小論文』シリーズ（学研プラス・樋口裕一）

⟶基礎編や法・政治・経済・人文・情報系編もあるので、志望学部に合わせて買ってみましょう。

『ワークで覚える 小論文頻出テーマ 四訂版ジャンル別キーワード91』（桐原書店・近藤千洋他）

⟶テーマ別でわかりやすく解説されているので、ぜひ買ってみましょう。

『小論文の完全ネタ本』シリーズ（文英堂・神崎史彦）

⟶こちらも多くのシリーズがあるので、志望学部に合わせて買いましょう。

小論文の種類

ここでは、小論文の種類について、大学入試で問われるものを紹介します。

▼テーマ型

設問だけが与えられ、それに対して記述するというタイプの問題です。

出題例

・成人年齢を18歳にすることに賛成か、反対か。あなたの意見を論じなさい。
・児童虐待を防止するためには、どのような対処が必要か。あなたの意見を書きなさい。
・異文化交流にはどのような利点があるか。あなたの考えを述べなさい。

テーマ型の問題については、2～3日目の講義でしっかり解説していきます。

▼課題文型

このタイプは、現代文の問題と似ているといえます。

まず、課題となる文章が与えられ、それに対して小論文の設問が与えられます。現代文の記述問題は、多くても「100字以内」で答える程度ですが、小論文の課題文型では、その文字量が多くなるイメージです。

課題文が非常に短いですが、出題例としては次のようなものがあります。

出題例

【課題文】

女性の社会進出によって、働く女性が増えている。だが、残念ながら、働く女性の中でも格差が広がっている。例えば、「既婚女性」と「独身女性」の格差はその一つだ。既婚女性で子どもがいる女性は、育休が取得できたり、時短勤務が許されたりするが、独身女性はそれが許されない。

子どもがいる女性を優遇する一方、独身女性が不遇となっている現状がある。

【設問】

この文章を読んで、女性の働き方について考えたことを論じなさい。

課題文型については、4～5日目で詳しく解説していきます。

▼資料読解型

グラフなどの資料が与えられ、それに対して設問が与えられるタイプの問題です。最近では、図、写真、絵などを見せ、それに対して論じるという問題も増えています。

出題例

【資料】

参議院通常選挙における年代別投票率（抽出）の推移

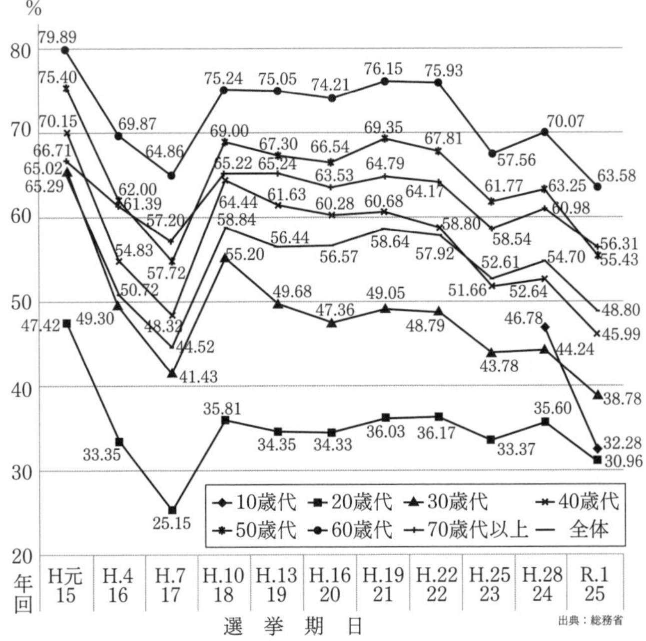

【設問】

この資料を見て、日本の投票率を上昇させるためには何が必要だと思いますか。あなたの意見を論じなさい。

▼講義型

大学の教授が何らかのトピックに対して講義をした後、講義の資料が与えられ、それに対する設問に対して解答するタイプの問題です。

このように、小論文にはさまざまな種類があります。ちなみに、この中で最も出題されるのは、課題文型です。ただし、出題される問題のタイプは大学によって異なるので、試験前に自分の志望校では過去にどのような問題が出題されていたのかを調べておくことをお勧めします。

設問に答えるには

ここでは、設問に対して、どのように解答をすればよいのかを解説します。

小論文の試験が始まってすぐにすべきことは、「**設問を読んで、何が問われているかを正確に理解する**」ことです。しかし、これができていない受験生がほとんどなのです。これは、小論文を書くにあたって最も大きな減点となる致命的なミスにつながります。そのため、設問の理解をしっかりできるようになることが、非常に重要なことなのです。

では、例題を見ながら、どうやって設問を正しく理解するかについて解説します。

例題

グローバル化にはさまざまな功罪があるといわれています。そこで、グローバル化のメリットとデメリットに言及したうえで、あなたの意見を論じなさい。

この例題では、具体的にどんなことを解答すればよいのでしょうか？　小論文では、答えることを明確にすることが大切とは知っていても、どうしたらよいのか難しいですよね。まずすべきことは、

設問を分解して、答えることを明確にすること

なのです。では、どうやって設問を分解すればよいのか、実際に見ていきましょう。設問を要素で区切っていくと、次のようになります。

① グローバル化にはさまざまな功罪があるといわれています。
② グローバル化のメリットとデメリットに言及したうえで、
③ あなたの意見を論じなさい。

このように、分解してみると、①は特に何も聞いていませんし、前提を書いてあるだけのようですが、①の「功罪」は②で「メリットとデメリット」に言い換えられていることがわかります。複雑に見える設問も分解して考えると、すべきことは次のように明確にできます。

グローバル化のメリットとデメリットに言及して、意見を論じる。

この例題で特に問われているのは「意見を論じなさい」ですから、そこに半分以上の字数を割きましょう。設問文の中で、**最も問いたいことは「〜は何か」「〜について論じなさい」といったように、疑問文や命令文になっています**ので、わかりやすいかと思います。

設問の分解は、課題文型の小論文でも、もちろんそのまま応用できます。例題を見てみましょう。

例題

次の文章を読んで、筆者の主張を400字程度でまとめなさい。そのうえで、「セキュリティー社会」についての筆者の見解に対して、その是非をも含めて、あなたの考えを述べなさい。

※文章は省略。要約（筆者の主張）と論述をあわせて1000字以内。試験時間は90分。

（慶應義塾大学法学部・改）

こちらの設問も分解してみると、以下のようになります。

【設問を分解後】

① 筆者の主張を400字程度でまとめる（要約する）。
② 「セキュリティー社会」についての筆者の見解に対して、その是非をも含めて、あなたの考えを述べる。

このように、設問を分解することで、設問における前提・条件や問われていること（5W1H）を整理することができます。

【総合型選抜(AO入試)の志望理由書でも使用できる!】

この設問の分解は、さらに志望理由書や自己PR書、自己推薦書の記述にも使用できます。例えば、ある大学の総合型選抜では、志望理由書のテーマとして以下の内容が要求されていました。

例題

学部を志望した理由、および入学後に学びたい内容、ビジョンを示し、これまでに得た技能・活動実績を本学部での学習や学生生活にどのように生かせるかを自己アピールしてください。

これも設問文を分解することで、すべきことが明確になります。実際に分解してみましょう。

① 学部を志望した理由
② 入学後に学びたい内容
③ ビジョン
④ これまでに得た技能・活動実績を本学部での学習や学生生活にどのように生かせるかをアピール

このように、分解することによって、大学の要求に対して正しく解答できるようになるでしょう。上記の設問文のように、問われている内容が長くなると、設問から外れた答案や必要な要素を欠く答案が増えてしまいます。そのため、どんな設問でも「問われていることは何か」を整理してから書き始めることを習慣化しましょう。習慣化するにあたってすべきことは、設問文の大事なところに線を引いたり、設問文を「/(スラッシュ)」で区切ったりすることです。このように、問われていることを整理してから書くようにすれば、決して的を外した解答にはなりません。実際に、多くの受験生が問われていることに的確に答えられていないので、このやり方を身につけるだけで大きな差がつくでしょう。

まとめ

・設問を要素ごとに分解する。
・最も問われているポイントを見つける。

基本的な書き方

さて、小論文のルールをひととおり学んだところで、いよいよ小論文の基本的な書き方を学んでいきます。基本的に、文章構成として**「序論」「本論」「結論」の3段構成が一般的**なので、それについて解説します。中心にあたる本論では「具体例」「根拠」などを重点的に書くので、本論に関しては2～3段落を使用することもあります。では、それぞれ「序論」「本論」「結論」に書く内容について説明していきます。

例題

日本は現在、少子高齢化社会が進行し、働く人の数が減少している。そこで、この問題を解決するために移民を受け入れるべきだという意見がある。これについてあなたはどう考えますか。あなたの意見を400字以内で書きなさい。

▼序論

この序論にあたる部分は、主張を端的に述べる段落にしましょう。ここでは本論でこれから述べようとする内容の核心を書くということです。小論文では、必ず序論で設問に端的に答えるようにします。つまり、設問で問われている質問に短く解答するということです。例を用いて解説しましょう。

序論

私は移民の積極的な受け入れに反対する。移民を積極的に受け入れたドイツの事例を踏まえ、以下その理由を述べる。

→設問で問われていることに対して、序論で端的に答えていることに注目します。文章の初めにあたる序論の内容によってその後の本論、結論も変わってしまうので、書き出しは非常に重要です。「賛成/反対」を問われているのであれば、賛成か反対かのどちらかを序論で明確に示しましょう。解決

策を問われているのであれば、どのような解決策にするのかを答えましょう。

▼本論

本論では、序論で述べたことを、詳しく、丁寧に説明します。序論で主張をした後には、「なぜその主張が正しいと考えるか」を書く必要があります。このときに重要なのが、「根拠を述べること」と「具体例を挙げること」です。この根拠や具体例を挙げるのが小論文の最も難しいところです。なぜなら、**「根拠と具体例に説得力（妥当性）があるかどうか」が小論文の高得点につながる**からです。つまりトンチンカンな根拠を書けば、大幅に減点されるということです。

本論

ドイツは第二次世界大戦後、東欧諸国から外国人労働者を受け入れることで安価な労働力を確保し、これにより1970年代に経済復興を遂げた。ただ、その代償に、移民の背景を持つ住民とその他の住民との社会的分断が深刻化している。例えば、ドイツ語を十分に話せない移民や失業した移民が社会保障を受けていることに対して不公平感が増している。加えて、集団暴行事件をはじめとする移民による凶悪事件は、移民排斥の世論を高めている。

→このように、実際に起きた事件などの具体例を挙げることで、主張に対しての説得力が上がります。具体例のセレクトによって、小論文の質が全く変わってしまうので、注意しましょう。小論文のテーマに選ばれやすい知識があると非常に役に立ちますので、日頃から時間の許す限り貪欲に情報収集しておきましょう。具体例が思いつかない場合は、自分なりの根拠や説明を示すことになります。

▼結論

結論では、それまでの内容を総合的にまとめましょう。結論は、序論で書いたこと（前提となる主張）と内容が重なります。ただし、本論で詳しく内容を説明していますので、それを踏まえた文章を書きましょう。序論と全く同じ言葉を書くのはよくないので、多少言い換えた書き方をするのがよいでしょう。この場合、結論を抽象的な言葉で言い換えたり、提案を含んだ内容を書いたりすると、序論の内容との差別化を図ることができます。

結論

このことから、日本でも移民を積極的に受け入れた場合、同様の現象が起こる危険性があると考えた。日本における働き手の減少に対しては、保育サービスの充実などによって女性の離職を減らすことに加え、非正規雇用労働者の待遇改善によって働き手を増加させる必要がある。以上から、移民の積極的な受け入れに反対する。

→このように、本論を踏まえて、それをまとめたうえで結論をもってくるのが結論の書き方として適切です。本論で具体的な話を述べて、結論でそれを抽象的な形で言い換えたり、提案を含んだ内容にしたりしましょう。当然のことながら、本論で適切な根拠や具体例が挙げられていないと、結論もズレますので、要注意です。

▼実践！　文章構成の仕方

では、ここからは、実際の問題を用いて文章構成の仕方のポイントを押さえていきましょう。

答案を作成する際には、基本的に以下の流れを踏まえましょう。

1 設問文を分解して正しく読み取る
2 設問に対して主張と理由を書き出してみる
3 根拠となる客観的事実や具体的事例（データ、事件、ニュースなど）を考える

どんな設問であれ、以上のようなプロセスで解くことができます。では、例題を用いて解説していきましょう。

例題

ジェンダーマイノリティに対して、具体的な問題を挙げ、それに対してどのようなあり方が望ましいか論じなさい。

今回は、ジェンダーについての問題です。ジェンダーに関する問題は近年よく出題されるので、注意が必要です。まずは設問を分解してみましょう。

1　設問を分解して正しく読み取る

まずは設問を分解して、どのような解答が求められているのかを確認しましょう。

すべきこととしては

①ジェンダーマイノリティに対して、具体的な問題を挙げる。

②①で挙げた問題に対して、どのようなあり方が望ましいかを論じる。

となります。

2　設問に対して主張と理由を書き出してみる

次に、自分の主張を決めてそれに対する理由を書き出しましょう。とはいえ、小論文やそのメモに書き慣れないうちに、いきなり自分の立場を決めて理由を書き出すというのは、至難の業かもしれません。このやり方が身についていない段階では、まずはさまざまな案を書き出してみましょう。

今回の例では、答えるべきことは二つあります。

①ジェンダーマイノリティに対して、具体的な問題を挙げる。

ジェンダーマイノリティに対して、最初に自分が書きやすい具体的問題を探してみることが必要になります。まず、「ジェンダーマイノリティとは」の定義を押さえましょう。ジェンダーマイノリティとは、性的少数者、つまり何らかの意味で「性」のあり方が多数派と異なっている人のことを指します。ジェンダーマイノリティは、セクシャルマイノリティ、LGBTQなどともいわれます。LGBTQはそれぞれ、レズビアン/ゲイ/バイセクシャル/トランスジェンダー/クエスチョニングの頭文字を取ったものです。では、そんなジェンダーマイノリティに関する具体的な問題には、どのようなことがあるでしょうか？　例を挙げてみると、

- 同性婚を日本国内で行うにはハードルが高いという問題。
- LGBTQに対する偏見や差別があるという問題。
- トランスジェンダーの場合、トイレや銭湯、スポーツなど男女で分けられる場合に、どちらに入ればよいのかわからないという問題。

などが考えられます。この中で、自分が書きやすいものを①の具体的な問題として記述しましょう。

②①で挙げた問題に対して、どのようなあり方が望ましいかを論じる。

例えば、同性婚に関する問題を選んだ場合では、「今の日本では同性婚は法律的に認められていないため、国家として認めるべき」などが主張として挙げられます。また、トランスジェンダーの問題を取り上げたのであれば、「偏見をなくすために、公共施設において男女のトイレだけでなく、ジェンダーにかかわらず利用できる多機能トイレを設けることや、学校の制服はズボンかスカートかを自由に選べるようにする。」というもの立派な主張となります。このように、自分に身近で具体的な問題を考えて、書きやすい内容を書いていくとよいでしょう。

3 根拠となる客観的事実や具体的事例（データ、事件、ニュースなど）を考える

実際に書き出す理由の方針が決まったら、次はその理由を補強する客観的な事実を集めてみましょう。さらに、客観的な事実を裏付けるようなデータや事件、ニュースなど挙げられるものがあれば具体例として付け足しましょう。

例えば、同性婚の例を挙げましょう。日本国憲法では、第24条において婚姻は「両性の合意」のみに基づいて成立すると定められているため、同性同士は考慮されていないと理解されています。そのため、「法律的な結婚」をすることはできません。もちろん、このような知識があれば書いてもよいと思いますが、ニュースなどで取り上げられた同性婚の話を知っていれば、それを書いてよいでしょう。特に、東京都の渋谷区や世田谷区などの自治体レベルでは、パートナーシップ制度などによって同性同士のパートナーシップを最大限配慮するよう定められています。このようなことはテレビやインターネットのニュースでも取り上げられているので、ニュースをよく見ておくことが重要です。

同性婚について詳しい知識がなかった場合は、トランスジェンダーに対して身近な事例を用いて記述していくことも考えられます。先述したように、男女別のトイレだけではなく、多機能トイレを設ける施設も年々増えているので、とにかく、自分の書きやすい内容を選んで書いていくことが大事です。

▼挙げられる具体的事例

・同性婚を日本国内で行うにはハードルが高いこと。

⟶同性婚が法律で認められていない事実や、各自治体のパートナーシップ制度を取り上げるのがいいでしょう。身近な事例でも大丈夫です。

・LGBTQに対する偏見や差別があること。

⟶LGBTQの差別に対しては実際に事件や問題が発生しているので、知っているものを取り上げましょう。

・トランスジェンダーの場合、トイレや銭湯、スポーツなど男女で分けられる場合に、どちらに入ればいいのかわからないこと。

⟶トイレや銭湯、スポーツの現場などで「男女に分けられる」ことに対して配慮する具体例を書くのがよいでしょう。

以上のことを踏まえて、序論、本論、結論を意識して書いてみましょう。

▼序論

ここでは、設問に対する簡潔な答えを書きましょう。つまり、「ジェンダーマイノリティに対する具体的な問題」を挙げた後、「それに対してどのようなあり方が望ましいか」を簡潔に書きましょう。「基本的な書き方」で述べたように、まず序論で端的に答え(自分の考え)を述べることが大切です。

-書き方の例-

「ジェンダーマイノリティの問題として、私は、〜を挙げる。そして、これに対して、〜のようなあり方が望ましいと考える。」のように、設問に合うように書いていきましょう。

▼本論

具体的な根拠の説明など、序論で挙げた自分の主張を裏付けるような内容を書いていきましょう。

-書き方の例-

「理由としては〜が挙げられる。」というように理由を書き出す、もしくは、今回の合格レベル答案のように前提条件をまず明確にした後に、自分の意見を書いてもよいでしょう。

▼結論

序論で述べたことを再び主張します。結論では、本論の内容を踏まえて、自分の主張が一貫して伝わるようにアピールすることが必要です。

-書き方の例-

「以上のことより、私は〜（設問で問われていること）と考える。」と簡潔に答えてもよいでしょう。今回の例では、本論で自分の考えに基づいた具体的な問題を挙げているので、簡潔に「以上の理由から、私は同性婚にかかわる法律を整備するべきであると考える。」と書けばよいでしょう。

では、これらをもとに、実際に合格答案例を示しておきます。

合格答案

ジェンダーマイノリティの問題として、私は、日本において同性婚が法律で認められていないことを挙げる。そして、これに対して、同性婚を法律的に認めるべきだと考える。

日本国憲法においては、第24条において婚姻は「両性の合意」のみに基づいて成立すると定められており、同性同士に関しては考慮されていない。

一方で、東京都の渋谷区や世田谷区などの自治体レベルではパートナーシップ制度にかかわる条例によって最大限配慮するよう定めており、住居の賃貸契約や入院の際の面会、保険金の受け取りなどで同性パートナーを「家族」として取り扱うことができるようになっている。

しかし、これには男女の法律上の婚姻のような法的拘束力はない。そのため、パートナーの性別によって婚姻が制限されるべきでないとの考え方も存在する。ジェンダー平等の実現のためには、性別にかかわらず法律婚が認められるべきであるだろう。

以上の理由から、私は同性婚にかかわる法律を整備するべきであると考える。

この文章のように、序論で設問として問われている「具体的な問題」を明確に記述しているのが理想的です。そして、本論では、その同性婚に対して、具体例を挙げながら論じることができています。

このように、適切な具体例や根拠を述べることが、小論文を書く際には非常に大切なことです。これまで述べてきたように、**「具体例が小論文の勝負を決める」**といっても過言ではないのです。

受験まで時間がある方は、小論文を書くための具体例や根拠を増やすためにも、日頃から読書をしたりニュースを見たりすることをお勧めします。時間がない方は、最短で知識をつけるお勧めの本をP.27で紹介しているので、ぜひチェックしてください。ちなみに、テレビ番組ではNHKの「クローズアップ現代＋」がお勧めなので、ぜひ見るようにしてくださいね。

コラム① 小論文は型に当てはめて書くべき？

私は職業柄、小論文の採点をする大学の先生とお話しする機会がよくあります。そのとき、「受験生が提出してくる小論文について、何か指摘できることはありませんか？」といつも聞くようにしています。そうすると、決まって言われることがあります。それは「同じような書き方が多く、しかもトピックセンテンス（主張）がはっきりしない文章ばかりである。そのため低評価にせざるを得ない」というような内容です。つまり、多くの受験生が使ってしまう小論文のテクニックに対する批判をされているわけです。例えば、大学の先生が言及した望ましくない小論文の例としては次のようなものです。

【望ましくない小論文の例】

【設問】あなたは、幼少期からスマートフォンを子どもに持たせることに賛成、もしくは反対でしょうか。あなたの意見を論じなさい。

【よくある答案】最近、幼少期からスマートフォンを子どもに持たせる親が増えてきている。それでは、スマホを幼少期から持つべきなのだろうか。

確かに、スマホを幼少期から持つと危険な面がある。怪しいサイトにアクセスしてしまうおそれもあるし、インターネットリテラシーが育っていない段階では、架空請求などにだまされてしまう場合もあるかもしれない。

しかし、私は幼少期からスマートフォンを持たせるべきだと考える。やはり、子どもの頃からテクノロジーに慣れることで、インターネットリテラシーを早くから身につけることができる。これからのテクノロジーの時代では、早くスマホに慣れておくことが必要だと考える。また、危険なサイトは、フィルタリングなどによって対策することができるだろう。

以上に述べたとおり、スマホを幼少期から持つことに賛成だ。

このような文章の構成は、「小論文の型」として比較的有名かもしれません。

実際、このような文章を書く受験生は多いのですが、大学入試の採点者は、ほとんどが大学の先生ですから、これまでに多くの論文を書いてきた「論文のプロフェッショナル」です。採点する教授たちは、このような文章を見て、「これは小論文ではない」と判断するため、高得点は取りにくくなります。問われている意見を冒頭ではっきり答えていませんし、余計なことに字数を割いてしまっています。

そのため、この本では、構成として重要なポイントとして、

「まず、設問にしっかり答える」

ことが大切であると伝えています。すでに設問で問われていることが明確であるにもかかわらず、問題提起（～だろうか）をしたり、その直後に「確かに～、しかし」を書いたりすることは推奨しません。このような設問に対して遠回しの答え方では、低い点数になる可能性が高いです。先述のような設問の場合は「私はスマートフォンを幼少期に持たせることに賛成/反対だ」と明確に答えることが重要なのです。つまり、「主張を最初に書く」ということを提唱しています。その後、必要であれば反対の意見に反論してもよいのですが、自分の主張の逆の話ですので、言及しすぎないようにしましょう。

このように、型にとらわれすぎてしまうと、小論文の本質から外れてしまいます。そのため、文章の型を使いこなせないのに闇雲に使用するのはやめておきましょう。「確かに～、しかし～」などの譲歩（反論）を使う場合は、設問にしっかり答えた後にしましょう。

なぜこんなことを注意するのかというと、実際に教授の方々が「低評価を付ける」と言及しているからです。私自身、毎年生徒に小論文を教えていますが「設問に答える」ことができている受験生の合格率は非常に高いのです。したがって、設問の条件にしっかり答えることを最優先して小論文を書いていくようにしましょう。

2 日目

テーマ型
小論文

あるテーマが与えられ、
そのテーマについて自分の意見を書く小論文について学びます。

テーマ型小論文の種類

【テーマ型小論文は全４種類ある】

１日目では、小論文の基礎的な書き方について見てきました。2日目からは、小論文の種類ごとの解き方や書き方について説明していきます。

①意見対立型	AかBの二つの選択肢を与えられ、どちらかを選択して論述する問題	次ページから解説

例・死刑制度に賛成か、反対か。
・外国人参政権に賛成か、反対か。
・ゆとり教育と詰め込み教育のどちらがよいか。
・日本経済を復興させるために、金融政策と財政政策のどちらが有効か。

②問題解決型	社会問題などが与えられ、それに対し何らかの解決策を提示する問題	3日目で解説

例・少子高齢化の解決策を論じなさい。
・日本では自殺問題が深刻な社会問題になっていますが、その解決策について、あなたの考えを論じなさい。
・日本の教育格差を是正するための解決策を論じなさい。

③意見提示型	自らの意見を提示するように求められる問題	コラム④で解説

例・インターネットなどのテクノロジーは異文化交流にどのような役割を果たすか論じなさい。
・異文化研究にはどのような意義があるのか。あなたの考えを述べなさい。
・これからの企業はどのようにして社会的責任を果たしていくべきか。あなたの考えを論じなさい。

④自由記述型	既存の小論文の枠を外れ、自らの考えを自由に述べることを求められる問題	本書では扱わない

例・あなたにとって「働く」とは何か。答えなさい。
・宗教の意義について、あなたの考えるところを自由に書きなさい。
・この写真を見て、あなたが感じたことを書きなさい。

この中で、特に出題されるのは「②問題解決型」ですが、「①意見対立型」がテーマ型小論文の基礎であるため、最初に取り扱っていきます。「③意見提示型」に関しては、「①意見対立型」や「②問題解決型」と考え方が似ている部分が多いので、コラム④で解説します。「④自由記述型」に関しては、一般的にはあまり出題されないため、本書では解説しません。

① 意見対立型

ここから本格的に難しくなってきますが、一緒に頑張っていきましょう！
では、具体的な解き方から解説していきます。

解き方の3つのステップ

Step 1：設問を読み込み、正しく理解する
Step 2：自分の立場を明確にするための根拠を書き出す
Step 3：根拠を選択して書き出す

では、この3つのステップについて詳しく解説します。

Step 1：設問を読み込み、正しく理解する

まず、設問を読むタイミングで
- 何と何が比較されているのか？
- より詳しい条件は定められていないか？

の2点を確認するようにしましょう。特に5W1Hはしっかり確認しておきましょう。

例 「日本で」の問題か、「世界で」の問題か。「中学生から」の問題か、「幼少期から」の問題か。 etc...

また、前提がわかっていることをしっかり採点官へアピールしましょう。
つまり、設問で問われている要素を網羅した主張になるように構成しましょう。

例 設問：幼少期から多少の強制を伴って読書をさせることの賛否を論じなさい。
主張：私は幼少期から多少の強制を伴って読書をさせることに賛成だ。

Step 2：自分の立場を明確にするための根拠を書き出す

次は、対立する意見に対して、それぞれのメリット・デメリットを列挙してみて、自分が想定する結果に合わせて自分が主張する立場を選びましょう。

指定字数が400字程度であれば、使う根拠の数は1～2個が目安です。小論文に慣れないうちは、1個を推奨します。

指定字数が800字以上であれば、使う根拠の数は1～3個が目安です。設定された文字数が多い場合も、目安として根拠一つあたり150～180字程度使うと考えるのがよいでしょう。

どの根拠を選ぶかが、小論文全体のクオリティを大きく左右します。次のような要素をもつ根拠を選びましょう。

- 主張に対して強いつながりがあるもの。
- 感情論でないもの。
- 問われている内容に沿っているもの。
- 客観的で説得力があるもの。

例 原子力発電に賛成か反対か、あなたの意見を述べよ。

→「賛成」と書くならば、次のようなものを根拠として挙げることができる。

- 発電するためのコストが安い。
- 発電時は二酸化炭素を排出しない（環境にやさしい）。
- 安定供給が可能なウランが燃料である。
- 現時点で原発を廃止すれば火力発電に頼らざるを得ない。

→「反対」と書くならば、次のようなものを根拠として書くことができる。

- 震災などによる原子力発電所の事故のリスクがある。
- 放射性廃棄物を発生させる。
- 事故がなくても、労働者が被ばくするリスクを伴う。
- 紛争や戦争時に、攻撃されるリスクがある。

根拠を書き出した後は、賛成か反対かどちらで書くかを固めましょう。

説得力のある、客観的な根拠が提示できる立場を選んだほうが点数を稼ぐことができます。ちなみに、どちらで書けばよいか迷った場合は、自分が実際に書き進めやすいほうを選ぶのをお勧めします。特に、自分で納得感を強く感じられる根拠を出せた側に立って書くのがよいでしょう。

加えて、もし志望する学部が求める方向性があるならば、それに乗っかった主張のほうが好まれる可能性が高まることは念頭に置いておきましょう。極端な例でいえば、神学部に対して「宗教に意味はない」、文学部に対して「読書は意味がない」などと主張したら低い評価を下されかねない、ということです。

Step 3：根拠を選択して書き出す

Step 2で書き出した根拠を一つ選ぶか、それとも複数選ぶかによって序論の書き方が変わってきます。

ここでは、一例として、書き方で迷った際の参考にしてほしい書き方を解説します。

▼根拠が一つの場合の序論

「私は～に賛成である。なぜなら、～(根拠)～だからである。」

根拠が一つの場合、このような書き出しをして、本論ではこの根拠について詳しく説明していくとよいでしょう。

また、途中で文字数を十分に埋めることができないと気づいても、段落を変えて**「加えて(さらに)、～のようなことも考えられる。」**といった形で、他の根拠を付け加えることもできるので、覚えておきましょう。

▼根拠が二つ以上の場合の序論

「私は～に賛成である。その理由として、～点挙げられる。」

根拠が複数の場合、このように書くとわかりやすいでしょう。

本論では、**「第一に～からである。第二に～からである。」**などという形で根拠を示すことができます。 この書き方のメリットとして、主張を支える根拠を複数に分けて書くことで話が脱線しにくい点や、2個以上の根拠によって説得力が確保しやすい点が挙げられます。

では、ここからは例題を使用して、どうやって解くのかを詳しく見ていきます。

例題

近年、飲食店やカフェなどにおいて、喫煙者と非喫煙者の分煙化が進んでいる。さらに、路上喫煙の規制も厳しくなってきているが、あなたは公共の場所での喫煙に賛成か、反対か、自らの意見を述べなさい。

Step 1：設問を読み込み、正しく理解する

▶ 賛成か反対かが問われているので、メインの主張は「賛成である」または「反対である」というものになります。
▶「喫煙」そのものに対しての賛否ではなく、「公共の場所での」喫煙に対する意見が問われています。

最も大事なのは、どちらの主張に立つかをしっかりと決めることです。

基本的には、自分の主張したい立場から論じればよいのですが、「明らかに世論とは逆の主張」を選ぶと書きづらくなります。例えば、今回は公共の場での喫煙がテーマですが、世論では禁煙の風潮が強いでしょう。
確かに「公共の場での喫煙に賛成する」という主張を掲げたからといって不合格になるわけではありません。ですが、世論が何らかの根拠に基づいて生じている以上、それに逆行するような意見では、相手を納得させることは難しくなります。

Step 2：自分の立場を明確にするための根拠を書き出す

今回は公共の場所での喫煙に反対の立場を取ることにします。そのうえで、賛成、または反対した場合に発生するメリットを考えていきましょう。

公共の場所での喫煙に反対したときに生じるメリット

- 副流煙による健康被害を防げる。
- ポイ捨てを減らせる。
- 他者に火傷を負わせる危険性を防止できる。
- マナーが向上する。

公共の場所での喫煙に賛成したときに生じるメリット

- 喫煙者が公共の場所でも堂々とタバコを吸うことができる。
- 喫煙者の喫煙の権利を保障できる。
- 喫煙が制限されないためタバコ税の税収が増える可能性がある。

ここで、両者のメリットを深く考えてみると、やはり喫煙に反対したほうが客観的に説得力のある文章が書けそうであることが見えてきますね。そのため、ここでは予定どおり喫煙に反対した形で進めます。

Step 3：根拠を選択して書き出す

字数によっていくつの根拠を取り上げるかは変わりますが、おおむね2～3個あれば十分です。逆に多すぎる場合、全体がまとまりに欠ける可能性があるので、ある程度絞って、その数点を深掘りしていきましょう。深掘りする際は、

- なぜその根拠が自分の主張を強化するのか。
- 自分とは逆の主張が、なぜその根拠によって覆されるのか。

に注目すると内容が思いつきやすくなります。

では、ここでは「公共の場所での喫煙を禁止すれば、副流煙による健康被害を防ぐことができる」ということを根拠として選択して、よりその詳細を考えてみましょう。

▶副流煙はどれくらい健康に害を及ぼすのか？

副流煙には、主流煙の数倍以上もの濃度で含まれる有害物質がいくつも確認されています。

▶具体的にはどの程度の健康被害をもたらすのか？

気管支や肺といった呼吸器の病気やがんのリスクが高くなります。

妊娠している女性が受動喫煙した場合、死産や流産の危険性が増し、胎児の発達に悪影響を及ぼす可能性もあります。

以上のようなデータに基づいた内容には、反論の余地を与えにくいでしょう。

このように、小論文というのは、ある程度は知識が必要な科目です。ただし、問われる知識はかなり限定的となります。不安な人は知識を補完するための教材も学習しておきましょう。1日目P.27にお勧めの補助教材も紹介しています。

では、これまで挙げた根拠を踏まえて合格する答案を作成してみましょう。

合格答案

私は公共の場所での喫煙に反対だ。副流煙に有害物質が多く含まれることや、火傷のリスクがあるということが理由に挙げられる。

タバコには、有害物質が含まれており、それらは吸っている人が吸い込む主流煙よりも、タバコの先端の燃焼部分から出る副流煙のほうに多く含まれている。ニコチンやタールは、妊娠中の女性や子どもに大きな悪影響を及ぼす。妊娠中の女性がニコチンやタールを吸い込んでしまうと、胎児に悪影響が及び、流産する可能性や、障がいのある子どもが生まれてくる可能性が高まってしまう。加えて、喫煙者がタバコを持つ手はちょうど子どもの顔の高さに位置することから、タバコが子どもの顔に当たり、子どもがやけどを負ったという事例もある。さまざまな人が場を共にする公共の場所では、これらのリスクを考慮する必要があると考える。

したがって、私は公共の場所での喫煙に反対であり、厳しい罰則を設けるべきだと考える。

①意見対立型 例題①

次の例題①「死刑制度について」を解いてみましょう。目安としては60分ですが、初めてなので、それ以上時間がかかっても気にせず挑戦してみましょう。

例題①

死刑制度について、賛成か、反対か、あなたの意見を500字以内で論じなさい。

※調べずに書けそうであれば、このまま書いてみましょう。もし書けそうになければ、インターネットなどで調べながら根拠を探して書いても大丈夫です！調べて知識をつけることも小論文では立派な勉強になります。

初めて問題に取り組んだこともあり、「今まで学習した考え方自体はわかっているけれども、答案にどう書いたらよいのかわからなかった」と悩んだ人もいるかもしれません。

そこで、まずは例題①の死刑制度を題材に、これまでに学習した小論文の基本的な考え方、答案の書き方を実践していきましょう！

Step 1：設問を読み込み、正しく理解する

▶「賛成か、反対か」が問われているため、メインの主張は「私は死刑制度に○○（賛成or反対）である。」となります。

▶より詳しい条件は、本問では定められていません。

以上の2点から、例題①を読んだ時点で意見対立型の問題だと気づき、どちらの主張に立つかをしっかりと考えることが重要だと理解できます。そして、皆さんが序論で書かなければならない主張は「私は死刑制度に○○（賛成or反対）である。」となります。その次に続けるべき文は、根拠が一つの場合と二つ以上の場合とで異なります。

本問は、一方の立場が圧倒的に書きやすいという設問ではありません。あなた自身がより説得力ある構成になると感じた立場を選択しましょう。

ここまで丁寧に考えて設問を読んだ人はそう多くはないかもしれません。答案には、問われていることを勘違いしているものが非常に多く、そのようなミスの原因は、設問の分析が不十分だったことに起因する場合が多くあります。そこでまずは、設問を分析し、それに対して的確に答えることを意識しましょう。

Step 2：自分の立場を明確にするための根拠を書き出す

では、主張（「私は死刑制度に○○（賛成or反対）である。」）を支える根拠を考えていきましょう。ここでは、主観的にならないように注意し、そして根拠を二つ以上挙げる場合はなるべく異なった観点からのものにする必要があります。死刑制度に関しては、「どんな命も大切なので、死刑にしたらかわいそう」など

の主観的な意見を書いてしまいがちなので、客観的な根拠として、賛成の立場と反対の立場それぞれからどのようなものが考えられるかについて解説します。

▼死刑制度に賛成する立場の根拠

①人を殺した者は、自らの命をもって罪を償うべきである

「刑罰とは、罪を犯した者にそれ相応の罰を科して罪を償わせるためにある」という考え方から、凶悪な犯罪を犯した被告人には死をもって償わせるべきである、といえます。

②世論の多数意見は死刑制度を容認している

「刑罰制度には国民の法に対する考え方を反映させるべきである」という考え方から、死刑制度支持の声が圧倒的多数を占めることが根拠になります。

③他の犯罪に対する抑止力になる

死刑制度のいわゆる“見せしめ”としての心理的な抑制効果から、新たな犯罪発生の抑制を期待するものです。

※「抑止力にならない」という研究結果もあります。その議論も調べてみましょう。

▼死刑制度に反対する立場の根拠

①死刑制度とは残虐な刑罰である

たとえ刑罰の執行という正当性があったとしても「国家による殺人」であり、非人道的な行為にあたるから廃止すべきだ、との論理です。

②国際的な死刑制度廃止の潮流に倣(なら)うべき

人の命の重さが国によって異なることはないため、国際的な流れに目を向け、死刑廃止を検討すべきであると述べるのがこの根拠です。特に、EU加盟国は全て死刑廃止ですし、先進国で死刑が存在するのは、日本とアメリカだけといわれています。実際、アメリカも多くの州で死刑が廃止されていますので、このような世界的な流れから、死刑を廃止したほうがよい、という意見が存在します。

③誤判（えん罪）が起きれば取り返しがつかない

誤判の危険性があるということは、何の罪もない者に死刑が執行される恐れがあるということです。そのため、取り返しのつかない刑罰の執行は廃止すべきだ、という論理です。

もちろん、ここに挙げられた根拠以外を書けば不正解、というわけではありません。答案を書く際は、客観的な根拠になっているか確認しましょう。とにかく、考えるべきなのは「死刑はかわいそうだ」などの感情的な意見は書いてはいけない、ということです。

Step 3：根拠を選択して書き出す

では、本論の構成を考えていきましょう。

書くべき必須事項は、次の１点です。

①主張を支える根拠（なぜ死刑制度に〇〇〈賛成 or 反対〉するのか）

必要に応じて書くべきものは、次の２点です。

②もう一方の立場の問題点（なぜ死刑制度に〇〇〈賛成 or 反対〉しないのか）

③反論に対する再反論（なぜ、～という意見が考えられるのに、それでもなお死刑制度に〇〇〈賛成 or 反対〉するのか）

本問の指定字数は500字以内なので、最低でも400字以上は書いたほうがよさそうです。そうすると、**Step 2**で挙げた根拠のうち二つほどをピックアップできれば説得力ある構成になるでしょう。そして、これらを解答の中で深掘りできれば、合格は間違いありません。

前述のとおり、深掘りする際は、

- なぜその根拠が自分の主張を強化するのか。
- 自分とは逆の主張が、なぜその根拠によって覆されるのか。

に注目すると考えやすいでしょう。

合格答案（賛成）

私は、死刑制度について賛成である。大きな被害を出した凶悪犯であれば死によって償うのはやむを得ないし、世論の多数も死刑制度を容認しているからだ。

刑罰とは、国が犯人に自らの犯した罪の重さに見合った罰を科すためにある。そして、罪の重さは、犯人がどのような犯行に及んだかや犯行によってどのような被害が生じたか、犯行が社会に影響を及ぼしたかなどを考えることによって定まる。よって、死刑を宣告されるような犯罪者は、社会に大きく注目されるほどの悪質な犯行に及んだ凶悪犯に限られる。そうであるならば、それに見合った刑罰として死を与えることも妥当であると考えられる。

また、近年の世論調査によると、死刑制度を容認する意見が多数を占めている。これに対して、死刑制度に反対する立場からは、国際的に死刑制度を廃止する国が増えているのだから日本も参考にすべきだと反論されることが考えられる。しかし、日本の刑罰制度について考えるのだから、日本国民の法感情を第一に考慮すべきである。よって世論の多数が死刑制度を容認していることは重要な意義があると考える。

以上より、死刑制度について賛成である。 [481字]

加点ポイント

- **どのように考えたかの説明が丁寧である。（特に第２段落）**
- **反論意見を踏まえたうえで、なぜそれに反対できるかを的確に説明できている。**
- **字数の偏りもなく、構成（序論→本論→結論）のバランスがよい。**

法学に詳しい場合、このレベルの答案を書くことができるでしょう。ただ、受験生から見れば、このような解答を書くことは難しいと思います。そのため、この解答を何度も読んで、似たような解答を書けるようにしておきましょう。小論文を書く力を身につけるには、レベルの高い解答を参考にすることも大切です。

合格答案（反対）

私は死刑制度に反対である。理由としては以下の２点が挙げられる。

まず第一に、死刑制度が生きる権利を奪う殺人行為であるからだ。人が他人の生きる権利を侵害すれば、殺人罪として罰せられる。それは全ての人が生きる権利を有しており、どのような事情があろうともそれを尊重しなければならないからだ。そうであるとすると、死刑制度はたとえ刑罰として正当化されようとも国が人を殺す行為であって、殺人行為に変わりはない。殺人罪を定めて国民には生命侵害を禁じているのに、国家が殺人行為を行うのは矛盾している。よって、生きる権利を侵害する刑罰は許されないと考えるべきだ。

そして第二に、死刑を廃止する国が国際的に増えているからだ。人間は人種や性別を問わず、皆本質的に平等であるから、生命の重さは国によって変わるはずはない。そのため、死刑制度が世界各国で廃止される理由は日本でも同様に当てはまるはずである。日本も国際的な死刑廃止の流れがある事実を受け止め、死刑廃止へ向けて検討するべきだ。

これらの理由から、死刑制度は廃止するべきだと考える。　[455字]

加点ポイント

- **死刑がどのような行為か、自分なりの説明ができている。**
- **なぜ国際的な流れが根拠になるか説明できている。**
- **「第一に」や「第二に」といった順序を表す言葉を用いて、わかりやすい構成を心がけている。**

今回の解答では、最初の主張を書いた後、その理由を複数挙げています。このような書き方は、賛成/反対を問われた問題では非常に書きやすいので、覚えておきましょう。

二つ目の理由に、死刑を廃止する国が増えていることを根拠にしていますが、どんなことに対しても「他国がやっているから」ということが根拠として当てはまるわけではないことは覚えておきましょう。この解答のように、必ず「なぜ日本にも当てはまるのか」をしっかり書くことが重要です。

不合格答案（賛成）

私は、死刑制度はあったほうがよいと思う。なぜかというと、死刑判決が下されるような人は殺人をした犯罪者であるため、そのような者は生きている意味がないからだ。
→言い過ぎ

死刑制度に反対する人は、死刑制度は人を殺す行為であり、国が殺人罪を犯すことになるから許されないと反対するが、そもそも死刑が言い渡されるのは凶悪な犯人に限られるのであって、そのような犯罪行為を考えずに犯人の生命の保護を計るのは狂っている。
→一段落を1文で書いている。構成が十分に練られていない証拠。
→よくある誤字：図る　→主観的すぎる

また、死刑制度に反対する人は、被害者遺族の感情を全く考えていない。死刑の廃止を主張する人たちは、もし自分の家族が凶悪犯罪に巻き込まれたとしても、事態を冷静に受け止め、犯人が命を保障されて生活することを許していられるのだろうか。そのような場合を想定できない鈍感な人たちが死刑廃止を唱えることができるのである。
→これは断定的な言い方のため、減点される
→主観的表現

このように、死刑制度を廃止するための決定的な理由はないと考えられる。だから、死刑制度はあったほうがよい。　[399字]
→「したがって」などの書き言葉にする

減点ポイント

- **主観的な言葉を使いすぎて、減点されてしまう。「生きている意味がない」「狂っている」「鈍感な人たち」など。**
- **「もし自分の家族が凶悪犯罪に〜」の部分は私的な内容であって、死刑制度のような国の制度（公益）の内容で出すべき話題ではない。**
- **反対意見への反論ばかりで、死刑制度がなぜよいのか端的に説明できる根拠がない。**

この答案は、主観が強い文章でしたが、あなたは不備を見抜けましたか？このような主観が強い文章では、相手を納得させることは難しいでしょう。あなたも納得できなかったはずです。採点するのは大学教授であることが多いので、彼らが読むことを想定して客観的な文章を書くように心がけましょう。

不合格答案（反対）

私は、死刑制度に反対だ。理由は二つある。

一つ目は、凶悪な犯罪者であれ、死刑にするのはかわいそうだからだ。どのような犯罪者であれ、国家が権力を乱用して人殺しをするべきではない。人権的な視点で見ても、やはり人を殺してよい根拠はないだろう。このように、国家権力が暴走した結果の横暴を許すわけにはいかない。だからこそ、私たちは、死刑制度の廃止に対して全力で取り組まなければならない。

→主観的な文章である

→主観的な文章である

→主観的な文章である

→設問は反対か賛成かを聞いているだけなので、設問と関係ない

二つ目は死刑になった人が無罪だった場合、取り返しがつかないからである。日本でも過去に松山事件や免田事件、財田川事件、島田事件といった四大死刑えん罪問題が起こっている。そのため、死刑制度を存続すると再び死刑えん罪事件が起こる可能性があり、えん罪被害者の親族を悲しませる恐れがある。このような、犯罪とは何の関係もない人を絶望に落とす危険性がある死刑制度はないほうがよいし、決して許されることではない。

→どう「そのため」なのかわからない

→小論文に小説のような表現技法はいらない

よって、死刑制度に私は反対だ。死刑制度が世界的に廃止されていることもこのような根拠だからだろう。

[434字]

→結論で新たな内容を述べなくてよい。序論と同じ内容を述べる程度でよい。

減点ポイント

- **論理的な文章であるとはいえない。例えば、「かわいそう」「国家が権力を乱用」「横暴を許すわけにはいかない」などである。**
- **第３段落「死刑えん罪事件の恐れ→えん罪被害者を悲しませる」はもう少し説明が欲しいところである。どう取り返しがつかないか、もう少し具体的、論理的に書くことが必要となる。**

この答案は、バイアスのかかった文章（先入観や偏見のある文章）だと理解できるでしょうか？　言葉の使い方からも、国家に対して敵対心を抱いているように感じられるのではないかと思います。しかし、設問に対して偏見を持たずに答えることが重要であり、個人的なイデオロギーや偏見を書くべきではありません。客観的な言葉や根拠を使って書いていくことが重要なのです。

解説動画はこちらから▶動画１

① 意見対立型 例題②

では、次の例題②「文化相対主義か、普遍主義かについて」を解いてみましょう。目安は例題①と同じく60分です。

例題②

あなたは、他の文化を受け入れる姿勢として「文化相対主義」と「普遍主義」のうち、どちらの考えに賛同しますか。その理由も含めて500字以内で論述しなさい。

※難しく感じたら、下のヒントを参考にしましょう！

・「文化相対主義」とは「全ての文化は優劣で比べるものではなく対等である」という考え方です。つまり、「どんなに違った文化でも尊重する」ということです。

→文化相対主義の例：日本では「食事を残してはいけない」「出されたものは、全て食べないと失礼だ」という考え方がありますが、中国では、食べ物を残すことが「満足してお腹いっぱい食べたという証拠だ」と考えられています。この場合、「その文化はおかしい！」ととらえるのではなく、「このような文化も尊重しよう」と考えるのが文化相対主義です。

・「普遍主義」は「全ての人には共通した人権があり、それを尊重・重視する」という考え方です。普遍的人権主義ともいいます。「文化は違うにしても、人権は誰にでも平等にあり、人権という観点からは正しい行為と間違った行為があり、後者は糾弾されなくてはならない」という立場です。「人権を犯す行為は文化の一部であったとしても認められない」という論理になります。

→普遍主義の例：インドのカースト制や、アフリカ諸国で見られるFGM(女性性器切除)に対して、「独自の文化かもしれないが、人権的な面から見て受け入れることはできない」と解釈するのが普遍主義です。人権を尊重しない文化は認められないというのが特徴です。

では、P.47で説明した3つのステップのとおりに解答していきましょう。

Step 1：設問を読み込み、正しく理解する

▶どちらの考えに賛同するかが問われているため、メインの主張は「私は、○○（文化相対or普遍）主義に賛同する。」というものになります。
▶より詳しい条件は、本問では定められていません。

以上の2点から、例題②の問題文を読んだ時点で意見対立型の問題だと気づき、どちらの主張に立つかをしっかりと考えることが重要だと理解できます。そして、皆さんが序論で書かなければならない主張は「私は、○○（文化相対or普遍）主義に賛同する。」です。その次に続けるべき文は、その根拠を説明する内容になります。本問も死刑制度と同様に、一方の立場が圧倒的に書きやすいという設問ではありません。

もう一つポイントとして、「本論でまず文化相対主義や普遍主義の内容を説明する」という点があります。死刑などは誰でも知っている内容ですし、語句自体から意味が読み取れるテーマですが、今回はそうではありません。そのため、採点官に自らの理解度をアピールすることで、高得点が狙えます。そこで、自分が設問のテーマをどのように理解し、何を対立軸として捉えたかを明確にするとよいでしょう。論点や対立軸を何にするかは、具体例をもとに考えていけば、おのずと自分の意見が固まってくると思います。

Step 2：メリットとデメリットを書き出し、自分の立場を明確にする

では、本論でどのようなことを書くべきか、考えていきましょう。
なお、詳しい内容説明は後ほど動画講義を参照してください。

▶文化相対主義とは何か、普遍主義とは何か

文化相対主義とは「全ての文化は優劣で比べるものではなく対等である」という考え方です。

一方で、普遍主義は「全ての人には共通した人権があり、それを尊重・重視する」という考え方です。したがって、「人権を侵す行為は文化の一

部であったとしても認められない」という立場をとります。

▶文化相対主義を重視した場合のメリット、デメリット

〇マイノリティの文化を尊重することで、多文化共生社会へとつながる。

×文化相対主義を徹底すると、人権を軽視する文化（FGM※やカースト制）に対して黙認せざるを得ない。

※FGM：アフリカ諸国などで、多くは幼年期に女性性器を切除する慣習。

▶普遍主義を重視した場合のメリット、デメリット

〇国際的な協調の姿勢を生み出しやすい。

〇人権侵害をしていると考えられる文化に介入できる。

×同化政策(力を持つ民族が、弱い民族に対して自らの文化を受け入れるよう強いる政策)や、他文化に対する差別意識へと結びつく恐れがある。

以上の内容から、多種多様な文化の個性を重視し、それぞれを尊重する必要があると考えるならば文化相対主義を、世界に共通する人権を保護し、国際的に協調することが大切だと考えるならば普遍主義を選ぶとよいでしょう。

Step 3：根拠を選択して書き出す

Step 2で考えた内容を踏まえ、答案を構成しましょう。

本論で書くべき要素として、必須なものは次の2点です。

①内容説明（文化相対主義、および普遍主義とは何か）

②主張を支える根拠（なぜ〇〇〈文化相対or普遍〉主義に共感するのか）

逆に、必要に応じて書くべきものは次の2点です。

③もう一方の立場の問題点（なぜ〇〇〈文化相対or普遍〉主義には共感できないのか）

④反論に対する再反論（なぜ、～という意見が考えられるのに、それでもなお〇〇〈文化相対or普遍〉主義に共感できるのか）

本問の指定字数は「500字以内」とあるので、400字以上500字以内で書かなければなりません。とすれば、①～④のうち最大でも三つをピックアップできれば説得力ある構成になるでしょう。

前述のとおり、深堀りする際は、次の点に注目すると考えやすいでしょう。

- なぜその根拠が自分の主張を強化するのか。
- 自分とは逆の主張が、なぜその根拠によって覆されるのか。

では、そのようなことをまとめて答案を記述していきましょう。

合格答案（文化相対主義）

私は文化相対主義の考え方に賛同する。なぜなら、文化の多様性を認めるためにはそれぞれの文化を対等に見て、尊重することが大切だからだ。

文化相対主義とは、全ての文化は皆対等であるという考え方である。つまり、より具体的には、進んだ文化や劣った文化といった偏見を持たずに、それぞれの文化の個性を認めようとする考え方である。

この考え方は、文化の多様性を認めるために必要である。文化に優劣をつけてしまうと、劣った文化を正してあげようといった意識が生まれてしまいかねない。しかし、マイノリティの文化に属する人々もそれぞれの考え方や生活様式を持っている。それらに耳を傾けないと、一方的に価値観を押し付けることになってしまい、多様性を切り捨てることになるだろう。

また、カースト制度のような基本的人権を大きく損なう文化までを尊重するべきではないという反論が考えられる。しかし、相手を理解しようと互いに歩み寄る姿勢こそ文化相対主義の本質である。このような文化に対しても理解しようとする考え方は、全く不要にならないはずだ。

したがって、私は文化相対主義に共感する。 ［468字］

加点ポイント

- **内容説明→なぜ文化相対主義か→反論に対する再反論の構成が段落を分けることで極めて明確になっている。**

- **文化相対主義を通して大切にすべき点を理解できている。**
- **なぜマイノリティの文化も尊重すべきかなど、細かな点に至るまで根拠が言及されている。**

合格答案（普遍主義）

私は普遍主義に賛同する。その根拠としては、どの文化においても、基本的人権は共通して守られる価値として認められる点が挙げられる。

文化相対主義とは、全ての文化は優劣で比べるものではなく対等であると考える立場のことである。そして、この考え方は長らく多文化共生社会を推進する基盤となってきた。

しかし、この考え方には限界がある。例えばFGMといった人権侵害だと考えられる慣習への対応を考える際、文化相対主義の立場に立つと介入は不可能になる。それぞれの文化は対等であり、干渉することは許されないためである。しかし、人として平等な存在である以上、保障されるべき人権も平等であるはずだ。産まれた地域の違いによって、ないがしろにしてよい人権があるわけではない。

そのために他文化圏への介入が必要になることもあるだろう。これは、どの文化でも共通して基本的人権は守られるべきだという普遍主義的な考え方に基づく。このように、国際的に人権を守っていくためには、他文化圏への介入を認める考え方を否定すべきではない。

以上より、普遍主義に賛同する。 [455字]

加点ポイント

- **時事的なトピックへの言及があり、説得力がある。**
- **なぜ人権を尊重するために異文化に介入してよいのか、自分なりの説明ができている。**
- **「しかし」や「そのために」など、文の流れを意識した構成になっている。**

不合格答案（文化相対主義）

私は、文化相対主義の考えに賛同する。理由は二つある。

一つ目は、文化に良いも悪いもないからだ。なぜなら、文化には優劣がないからだ。世界がグローバル化している中で文化の違いを受け入れ、
→同じことを繰り返しているし、同じ語尾なので違和感しかない
尊重しなければ、強い文化とされているアメリカに自国の文化を侵食されてしまう。日本でも、マクドナルドやスターバックスなど、食文化の侵略が
→これは本設問と関係が薄い
始まっている。このような武力ではない侵略から国を守らなくてはならない。
→設問と関係が薄いことを続けてしまっている
もし人々が価値のある文化は自国の文化だけではないことに気づくことができたら、他国の文化への偏見や差別がなくなるだろう。

二つ目は、私たちの判断が自国の文化の考えによってされているということを気づかせてくれるからだ。文化の違いによって争いが起きるのは、文化によって自分の視点が限定されていることに気づかないからだ。このような傾向が続くと、危険といえるだろう。例えば、意見の異なる他者を
→主観が入った言い方
理解しようとせず、かたくなに自分の意見を曲げないようになってしまう。
→文化の違いというよりも、日常のコミュニケーションの話になっている
このようにならないためにも、互いを尊重する文化相対主義を重視すべきだ。したがって、文化相対主義の立場から他の文化を受け入れ、視野を広げることが大切である。

以上のことから、私は文化相対主義の考えに共感する。　[492字]

減点ポイント

- **私たちの生活に結びつけているが、「文化を受け入れる姿勢」という設問の前提を忘れている。**
- **一つ目の根拠が薄い。マクドナルドなどの多国籍企業の進出と文化相対主義を一緒に考えるのは論点がズレている。**
- **二つ目も日常生活のコミュニケーションの話になっていて、設問とズレている。**
- **論旨がズレることのないように注意し、客観点に見て納得させられるような根拠を提示しよう。**

不合格答案（普遍主義）

現在、たくさんの企業が海外に工場を写し、海外と交流することを前提に社会が成り立っている。そこで、私は普遍主義がよいと思う。文化相対主義と普遍主義について内容を説明した後、二つの根拠を述べたい。

→小論文では使わない：多くの　→誤字：移し　→小論文では使わない：（今回は）賛同する

文化相対主義は全ての文化を対等に見て、互いに尊重する立場のことである。そして、普遍主義とは、さまざまな文化がある中でも普遍的な部分があると考える立場のことである。

しかし、文化相対主義の考え方は、今の時代に合わない。例えば、日本のローカルフードを世界に販売する拠点を海外に作ったとする。この場合、もし文化相対主義を重視するならば積極的に販売することはできないが、食べられない食べ物は人間である以上変わりないのだから、普遍主義によって売り出すべきだ。

→主観的すぎる　→根拠として甘い　→これも主観的

ただ、文化相対主義にも良い面はある。それは、個性を重視することだ。グローバル化に伴い、価値観の違う他者を理解しようとし尊重する姿勢が重要になっている。そのためには、他人の個性に気づくべきであって、文化相対主義の考え方が重要だとわかる。

このように、日本の文化を広げるためには、文化相対主義は採用されるべきではない。以上より、普遍主義がよいと考える。　[388字]

減点ポイント

- **どちらの立場なのか、はっきりした答案を書けていない。**
- **ローカルフードの部分など、普遍主義と文化相対主義に対する理解が浅い。**
- **第３段落「例えば」の部分が根拠を具体化できる説明になっていない。**

解説動画はこちらから▶動画２

コラム② 答案の設計メモの作り方

小論文の本番の試験では、いきなり答案に書き出すのではなく、答案の設計メモを作成することが大切です。なぜなら、いきなり書き出すと、途中で文字数が足りなくなったり、論理がめちゃくちゃな文章になったりしてしまうからです。ここでは、その設計メモの作り方を紹介します。小論文の構成としては、「序論＝主張」「本論＝根拠（理由）＋具体例」「結論＝まとめ」の流れでまとめるのがオーソドックスであるという説明は1日目でしましたね。設計メモには決まった形式はありませんが、次の例を参考に、答案を書く前に設計メモを作る習慣をつけておきましょう。

【答案の設計メモの例】

設問：日本では家庭内暴力や虐待により、多くの子どもが命を落としている。これらを防止するためにはどのようなことが必要か、述べなさい。

《主張》

・地域全体での子どもがいる家庭への見守りを強化する。

《根拠》

※問題解決型の場合は、より詳細な解決策を書いてもよい。今回の例は具体的な解決策。

・児童相談所に相談できる体制を整える。

・地域ネットワークの強化をする。

《具体例》

・虐待死事件（地域住民も通報せず、最後まで発覚しなかったもの）。

このように、まずは箇条書きでメモを書いて、後から書かないと判断したものは横線などを引いて消しておけばよいでしょう。答案メモでしっかり書き出しておけば、「書く内容が足りない」などのアクシデントを防げるので、書き出す前に必ずメモを取ってから答案を書くようにしましょう。上記のものはあくまで例ですので、本番ではもっと多くのメモを取ることをお勧めします。

3日目

解決策を提案する小論文

現代を取り巻くさまざまな問題について、
自分なりの解決策を提案する小論文の書き方を学びます。

② 問題解決型

解決策を提案する小論文とは?

社会問題などが与えられ、それに対し何らかの解決策を提示するものです。例えば、以下のような問題です。

例題

・宗教対立、民族どうしの対立などの紛争を防ぐためには、どのような解決策があると考えますか。あなたの考えを論じなさい。

・高齢者による自動車事故が近年話題になっているが、高齢者による交通事故を減らすために、どのような制度が必要だろうか。理由とともに論じなさい。

・日本の教育格差を是正するための解決策を述べなさい。

このような解決策を提示させる問題は、大学側が最も高い頻度で出題してくる問題です。どんな問題が出題されるかというと、基本的には今の日本社会が直面するあらゆることがテーマとして出ます。とりわけ以下のトピックに関わる問題が8割以上出題されるといってよいでしょう。

- 少子高齢化、人口減少
- 教育格差
- 都市圏と地方の格差
- 労働環境の改善
- 異文化理解
- SDGs

特に少子高齢化や人口減少にまつわる問題は、その中でも突出してよく出題されます。どのような問題なのかを必ずおさえておきましょう。

また、近年では、国連サミットで採択されたSDGsという言葉をよく耳にしますが、SDGsに関わる問題を出題する大学も増えてきました。新聞を毎日読む習慣があったり、時事問題に詳しかったりする受験生がより有利となるので、日頃からニュースには目を通しておくとよいでしょう。特に課題文を伴って出題されることが多いですが、基本的にはテーマ型と解き方は同じなので、心配しなくても大丈夫です。

では、詳しい解き方に入っていきます。

解き方の6つのステップ

Step 1：設問を読み、正しく理解する
Step 2：社会問題が生じている原因を分析する
Step 3：解決策を列挙する
Step 4：適切な解決策を検討する
Step 5：解決策の実現可能性を高める
Step 6：選んだ解決策を用いて、解答用紙に書く

Step 1：設問を読み、正しく理解する

基本的に解き方は意見対立型と同じです。ただし、意見対立型は「賛成か反対か」のようにどちらかを選択すればよいのですが、問題解決型の問題では、解答の幅が広いので、慎重に設問を読解しなくてはなりません。

そこで重要視することは、

- 何に対する解決策が求められているのか。
- その解決策はどのような背景で、どのような場面において求められているのか。
- 解決策は非現実的ではないか、それが根本的な解決策につながるのか。

の3点です。

Step 2：社会問題が生じている原因を分析する

▼原因は何かを考えてみる

原因は一つとは限らず、多くの場合には複合的な理由が絡み合っているため、さまざまな可能性を考えてみましょう。原因が列挙できればそれに対応する解決策も思いつきやすくなります。

▼原因を分析する

上記で考えた原因は表面的なものではないか、確認しましょう。もとをたどればより根本的な問題であることもあります。社会問題は根の深い問題であることが多いので、原因を深堀りすることは重要となります。

▼さまざまな原因を考えて、思いつくだけたくさん列挙してみる

原因をたくさん列挙してみましょう。

Step 3：解決策を列挙する

列挙した原因に対して、できるだけ多くの解決策を考えてみましょう。実現可能性や論理的妥当性はさておき、解決策をとりあえず多く挙げてみることが大事です。なぜなら、実際に答案を書くときは、その中からより良い解決策を選べばよいからです。

例えば、「自殺問題の解決策を論じなさい」という問題を考えてみましょう。非現実的でもいいので、実際に思いつく限り例を挙げてみると、

- 学校や職場におけるいじめを防止する。
- ブラック企業や長時間労働を根絶する。
- うつ病リスクを軽減する。
- 自殺志望者の相談環境を充実させる。
- 自殺の名所を警備して、監視・逮捕する。
- 社会福祉や働き口を充実させるなどして、明るい社会にする。

などが解決策となります。そして、思いついた解決策を評価し、小論文の答案に入れるべきものを選んでいきましょう。

Step 4：適切な解決策を検討する

意見対立型における根拠と同様に、選択した解決策が文章全体の評価につながるため、慎重に選びましょう。解決策は、指定字数が400字〜600字程度ならば1〜2個で十分です。字数に余裕がある場合、「**その解決策を講じた場合に生じる問題は何か、またそれはどのように解決できるか**」を考えていくとよいでしょう。

▼解決策を選ぶ基準

- 原因の改善に直接つながっているか。つながっていなければ、どのような道筋をたどれば原因の改善につながるのか考える。
- 実現の可能性は高いか。
- 優先順位の高さはどうか（特に緊急度と重要度を基準とするとよい）。
- 自分が書きやすいか否か（これは人によって違う）。

では、Step 3で思いついた解決策を例に選んでいきましょう。

例 自殺問題に関する解決策の評価

	いじめの防止	ブラック企業や長時間労働の根絶	うつ病リスクの軽減	自殺志望者の相談環境	自殺の名所の監視	社会福祉や働き口
原因への直接関与度	○	○	◎	◎	×	×
実現可能性	△	△	◎	◎	○	△
優先順位	○	○	◎	◎	△	×
書きやすいか	？	？	？	？	？	？

こうして見てみると、うつ病のリスクや相談環境の充実を選ぶのがよさそうですね。

Step 5：解決策の実現可能性を高める

次に、その解決策をどうやって実行するのかを、できるだけ具体化しましょう。コツは以下の3点です。

▼2W1Hを具体的にする

まずは5W1Hを具体化してみることは大事ですが、特に解決策を提案する小論文では、2W1HであるWho（誰に）、What（何を）、How（どうやって）の3点を明確に記述することが、良い解答への近道となります。

▼具体的事例を提示できるか考えてみる

Howを明確化するとき、具体的な事例を提示できるかを考えましょう。過去に何かしらの形で実行されたことがある策であれば、その例を持ち出すと説得力が増します。なぜなら、何らかの妥当な根拠がなければ、国や地方自治体が実際にその解決策を実行するはずはないからです。そのため、過去に取り上げられた実践例のある策を挙げることは、一つのテクニックとして覚えておきましょう。

▼実現可能である根拠はあるのか

主張する解決策が、データに基づいた考えであればそれを提示しましょう。もちろん、知識が豊富な人でも具体的なデータまで示せることは少ないものです。そのため、データや数字などがなくとも、その解決策が適切かを精査した過程を文章に反映させると印象がよくなります。

Step 6：選んだ解決策を用いて、解答用紙に書く

選んだ解決策を用いて、実際に小論文を書いていきましょう。

必ず、主張→理由→根拠（具体例）の流れで書いていくことが重要です。この流れは抽象→具体の流れでもあるため、文章の抽象レベルは最初が最も高く、書いていくにつれて低くなっていくものが良い小論文だといえます。ただし、概念だけで理解するのは少し難しいと思うので、実際に問題を演習しつつ実力をつけていきましょう。具体的な文章構成は、例題を解きながら理解していきましょう。では、次のページからは例題を用いて実際に問題を解いていきます。

② 問題解決型 例題①

次の例題①「少子高齢化について」を60分以内で解いてみましょう。

例題①

日本における少子高齢化の解決策を500字以内で論じなさい。

※調べずに書けそうであれば、このまま書いてみましょう。もし書けそうになければ、インターネットなどで調べながら根拠を探して書いても大丈夫です！調べて知識をつけることも小論文では立派な勉強になります。

少子高齢化とは？

少子高齢化とは、ある国や地域において、少子化と高齢化が同時に進行することです。出生率の低下と高齢者の割合の増加が同時に進行することにより、若い人の数とその人口に占める比率がともに低下し、高齢者の数と人口に占める割合がともに上昇していくことをいいます。少子高齢化によって引き起こされる問題には、次のようなものがあります。

①生産年齢人口（働いている人の数）の減少による国力の低下。
②若い労働者の減少による深刻な人手不足。
③消費者の減少による経済活動の縮小。
④高齢者の増加による社会保険料などの負担増加。
⑤家族、親戚の関係の希薄化。

学校の教科書などでもよく見られる図かもしれませんが、④で取り上げたように、若者の税負担の比率は上昇しています。

少子高齢化の類題としてよく小論文で出題されるテーマには、次のようなものがあります。これらに関連するテーマがよく出題されるので、自分でいろいろ調べてみましょう。

- 待機児童問題
- 世代間格差
- 子どもの貧困の問題
- 働き方の問題
- 孤独死などの問題
- 移民問題

Step 1：設問を読み、正しく理解する

まず、「少子高齢化」に対する解決策が求められていることをチェックしましょう。少子高齢化問題は、「少子化問題」と「高齢化問題」が合わさったものです。ただ、この問題においては、高齢化問題にフォーカスするよりも、少子化問題に焦点を当てて、「子どもを増やすためにはどうすればよいか？」を考えることが重要となります。なぜなら、高齢化問題は、そもそも少子化問題が起こったために生じている問題ともいえるからです。

▼正しい考え方

- 「子どもの数を増やすためにはどうすればよいか？」

▼ダメな考え方

- 「高齢者を減らすためにはどうすればよいか？」

→人権侵害につながる考え方なので、現実性や妥当性がない解決策となる。

- 「人口が減ったほうが、日本全体のエネルギーの消費量が減るから、地球温暖化の防止という観点では、むしろよいことなのではないか？」

→設問と関係ない。あくまでも少子高齢化の解決策を聞いている。

Step 2：社会問題が生じている原因を分析する

少子化の原因は、「一人の母親が産む子どもの人数が少ない」ことですよね。

では、この原因を分析してみましょう。

▼経済的な問題

- 子どもを産み育てる財力（収入）がない。
- 政府からの支援額が小さい。

→育休時の給付金や出産一時金、子ども手当、給付型奨学金などをさらに充実させる。

▼時間的な問題

- 仕事や趣味が優先され、恋愛や結婚の機会が減っている。
- 仕事や生活に追われて、子育てをする時間がない。

▼環境的な問題

- 待機児童の増加によって、保育園に入れない子どもがいる（待機児童問題）。
- 核家族化が進み、祖母や祖父が子育ての援助をしづらい。

▼潜在的な背景

- 若者の投票率が低いので、高齢者重視の政策が実行されている。
- 非正規雇用の拡大などによって、所得が増えていない。
- 非婚化や晩婚化が進行している。

Step 3：解決策を列挙する

では、**Step 2**の原因をもとにして、ざっとで構わないので解決策を列挙してみましょう。既に行われているものなど、どんな解決策でもよいので、とにかくたくさん出してみることが大切です。後から適切な解決策を選べばよいので、思いついたものはどんどん書き出してみましょう。

▼列挙された解決策（例）

①子どものいる家庭への金銭的な手当てを増やす。
②育休や産休を取りやすくする。
③労働環境を是正する。
④待機児童問題の改善のために保育所、保育士の数を増やす。
⑤マッチングアプリに補助金を出して、婚活をサポートする。
⑥労働力に限定せず移民を増やして、日本人として国民の数を増やす。
⑦若者の投票率を上げて、高齢者優先の政策を改める。
⑧高所得の高齢者には年金の受給を制限する。

では、次のステップで適切な解決策を選んでいきます。

Step 4：適切な解決策を検討する

Step 3で列挙した解決策の中で、適切な解決策を選んでいきましょう。解決策を選ぶ基準はP.73で紹介しましたよね。

その基準を用いて解決策を選択していくのですが、今回は消去法で考えてみましょう。まず、「⑧高所得の高齢者には年金の受給を制限する」という解決策ですが、高所得の高齢者への年金を削減すれば、子育て世代に使えるお金が増えますが、それは、直接的に出生率の増加につながる訳ではありません。また、年金受給の権利をむやみに奪うことは人道的ではありませんので、国家として大々的に行うことは難しいでしょう。

⑥、⑦の「移民を増やすこと」や「若者の投票率を上げること」は、確かに少子高齢化の問題の解決策といえるのですが、「子どもの数を増やすためにはどうすればよいか？」という**Step 1**で読み取った内容に直接的につながっていません。移民に関しては、受け入れる場合はさまざまな問題があり、必ずしも良い解決策とはいえません。経済的な問題や、長時間労働、育休取得率の改善などが少子高齢化の根源的な問題なので、そこが解決される方向で書くことが重要です。

そう考えてみると、①〜④の解決策がベストといえるのではないでしょうか。⑤の「マッチングアプリ」に関しても、悪い解決策ではないですし、企業も福利厚生として導入している会社があります。ただし、やはり根本的な解決につながっていないので、メインの解決策として書くのは避けたほうがよいかと思います。

Step 5：解決策の実現可能性を高める

選んだ解決策の実現の可能性を高めていきましょう。ここでは、例として「①子どものいる家庭への金銭的な手当てを増やす」を選択して考えていきます。ここで大事なのは、政府や地方自治体からの支援として、どんな支援があれば子どもの数が増えるか考えることです。他国の成功事例を知っていれば素晴らしいのですが、知らない場合は一から考える必要があります。

子どもを一人育てるためには、多くの費用がかかりますので、それを補強する解決策がいいでしょう。そう考えると、子どもの数が増えるほどその家庭に補助金を出すような政策が望ましいといえるでしょう。例えば、子ども手当や給付型奨学金（学生に給付する補助金）も良い手段となります。もちろん、国家単位で見れば、「どこから財源を出せばいいのか」という話になりますが、そこまでの解答は求められていないので、書かなくて構いません。

Step 6：選んだ解決策を用いて、解答用紙に書く

では、**Step 1 〜 5**をもとに、解答を書いてみましょう。

合格答案①

私は、昨今深刻化している少子高齢化の対策として、政府は子ども手当の充実と給付型奨学金の拡充をすべきであると考える。

現在、日本では高等教育を受けることが一般化しており、半数以上の人が大学や専門学校などに進学している。そのため、子育ての金銭的負担が大きくなっており、教育支出は年々増加している。そのような背景から、経済的な負担が増えることを懸念して出産を諦める人も少なくない。さらに女性の進学率や就職率が上昇し、社会進出が進んだことで、晩婚化が進み、未婚率も上昇している。核家族化が進んだことも後押しして、育児と仕事の両立が難しくなっている。このように、日本は少子高齢化し、経済成長率の低迷や年金制度崩壊の危惧などの問題が発生している。

これらを解決するためには、根本的に子どもを作りやすい環境を政府が作り、子どもの数を増やすことが大切である。具体的には、子ども手当を充実させて金銭的な支援をしたり、給付型奨学金を増やすことで教育支出の負担を軽減したりすることが必要だと考える。子どもを産めない理由として、大きな理由となっている経済的な問題を解決することが少子高齢化を解決するための近道となるだろう。

[500字]

加点ポイント

- **少子高齢化の根本的な問題に言及することができている。**
- **日本の少子高齢化の問題に対して、正しい現状把握ができている。**
- **字数の偏りもなく、構成（序論→本論→結論）のバランスがよい。**

解説

具体的な解決策の中身や、財源をどこから出すかに関しては触れていませんが、全体的にツッコミどころのない小論文になっています。このように、正論といえるような意見を提示し、減点される部分を極力少なくすることによって、確実に得点を稼ぐことができます。

合格答案②

私は、日本の少子高齢化を解決するために、子育て世代の労働環境を整備して、子どもの数を増やす必要があると考える。

日本は、男性の育児休暇の取得率がいまだに低いままである。理由としては、社会的な風潮や、社内制度が整備されていないなどの原因がある。それを改善するためにも、多くの企業で男性の育休の取得を奨励していく必要があるだろう。また、育休後、フレックスタイム制度を導入して、働く時間の自由度を上げるのもよいと考える。加えて、時短勤務や在宅勤務を認めることによって、会社全体として子育てを後押ししていく必要がある。

また、子育てと仕事の両立ができない背景として、待機児童問題が挙げられる。主に首都圏では、保育園不足で入園できず、母親が離職しなければならない事例が生じている。この問題が生じている原因としては、深刻な保育士不足や、保育施設の不足が挙げられる。これらを改善するためにも、保育士の待遇改善や、保育所の増設が必要だ。

このように、多様な解決策があるが、一つ一つ取り組んでいくことで、少子高齢化問題は解決に向かうだろうと考える。

[463字]

日本の少子高齢化を解決するために「子育てと仕事の両立ができる環境を整備する」ことを提案した文例である。さまざまな案を挙げられる余地のある主張のため、その後にいろいろな具体的な解決策を挙げやすい。

加点ポイント

- **さまざまな解決策に触れているが、どれも的外れな策がない。**
- **少子化問題の重要な論点である、待機児童問題に触れることができている。**

解説

主張で「少子高齢化を解決するために待機児童問題を改善すべき」と書いてしまうと、内容が待機児童だけに限定され、話が広がりません。一文目の解決策で具体的に限定せず、さまざまな内容に触れられています。

不合格答案

今の日本は少子高齢化で苦しんでいるが、世界各国でも同じように先進国は少子高齢化している国が多くあるため、それほど問題とはいえない。少子高齢化によって主に生じていることは、働く人の数が少なくなっていることだろう。子どもが少なくなると、将来的に働く人はどんどん少なくなっていく。

→根底を覆すようなことを書いてはいけない

そこで、このように労働力が不足する問題を解決するために、新たな労働力が必要であると考える。具体的には、外国人の雇用人数を増やしたり、移民を受け入れてもらったりするようにする。その際、働きがいがある仕事ができるように、企業側も工夫する必要がある。また、外国人とも会話できるように、外国語を話せる人を雇う必要がある。移民を多く受け入れることができれば、労働力の埋め合わせをすることができ、少子高齢化問題も解消されるだろう。

→少子化の根本解決にはならない

また、少子高齢化によって高齢者に払う年金が足りない問題が起こっているが、これも海外からカジノなどを日本に入れることによって、海外からお金を集めて、財源にすればよいと考える。現在、カジノを設置する方向で進んでいるが、それも日本の税収を増加させるきっかけになるだろう。

→カジノと少子化は関係ない

[479字]

減点ポイント

- **少子高齢化の解決策を聞いているのに、「それほど問題とはいえない」などと、根底を覆すような発言をしている。**
- **外国人労働者や移民による労働力の補填（ほてん）は、少子高齢化の根本的な解決策にならない。**
- **カジノは少子化と関係ない。日本の財源が厳しいのはわかるが、現実的にカジノの財源が少子化の財源に割かれるのかどうかはわからない。**

解説

常に、適切に設問に答えることを意識しましょう。「少子高齢化の解決策」しか聞かれていないので、それさえ答えればよいのです。それと関係のない話題を出せば出すほど、減点につながってしまいます。

解説動画はこちらから▶動画３

② 問題解決型 例題②

次の例題②「地球温暖化について」を解いてみましょう。

例題②

地球温暖化に対する解決策について、あなたの意見を500字以内で論じなさい。 [60分]

※調べずに書けそうであれば、このまま書いてみましょう。もし書けそうになければ、インターネットなどで調べながら、根拠を探して書いても大丈夫です！調べて知識をつけることも小論文では立派な勉強になります。

いよいよ本日最後の例題です。

2日目・3日目に学んだ例題は、みなさんに解き方の基本を示す大切な問題です。考え方や答案の構成を中心に、しっかり復習しましょう。

本問は、地球温暖化という超定番のテーマなので、問題を解説する前に、少しだけ地球温暖化についておさらいしてみましょう。

地球温暖化とは

1880年から2012年にかけて、世界の平均気温は0.85℃上昇しました。この温暖化は**温室効果ガス**、とりわけ**二酸化炭素の増加**によるといわれています。その原因の一つに、**人類が化石燃料を大量消費**していることがあります。その他に、**森林の減少**による影響が挙げられます。

平均気温の上昇によって、**海水面の上昇**も生じています。これによって、沿岸や低平地に住む人々の暮らしは大きな影響を受けます。海抜の低いツバルの国の島々が水没する可能性があるという話は有名ですね。また、異常気象の発生やサンゴの白化現象といった生態系の変化、蚊や水を媒介とする感染症の拡大が挙げられます。

では、それに対して、現在どのような取り組みがされているでしょうか？　主にいわれるのは、**再生可能エネルギーへの転換**です。

私たちの生活に不可欠な電力の主要供給源は石炭やLNG（液化天然ガス）、石油であり、そうした化石燃料を使用した発電に伴って二酸化炭素が排出されます。そこで、二酸化炭素を排出しないエネルギーに転換することが地球温暖化の解決策となりますが、原子力発電は安全面で懸念が残るといわれます。そのため、再生可能エネルギーによる発電が脚光を浴びているわけです。再生可能エネルギーとは、地球に常に存在する資源を利用して生まれるエネルギーのことで、太陽光発電や風力発電、バイオマス発電などがその例です。加えて、電気自動車の普及や、炭素を含む化石燃料を消費した分だけ課税する炭素税の導入なども検討されています。世界的な森林破壊も叫ばれている現在では、地球温暖化は我々一人一人が向き合わなければならない問題なのは間違いないでしょう。

では、地球温暖化の解説はこれくらいにして、設問に取りかかりましょう。まずは、問われていることを確認することが大切です。ここでは「解決策」が問われていますよね。

3日目の冒頭のP.71で示したとおり、解決策を提案する小論文の問題では、6つのステップの順で考えることが大切です。今回の例題②でも、このステップに合わせてどう解くのかを説明していきます。

Step 1：設問を読み、正しく理解する

ここで問われているのは、「**地球温暖化の解決策**」です。つまり、自分が考えた解決策がどういったもので、なぜ役立つのか、具体的に表現することが求められているのです。これに字数を割かなければ、どんなに地球温暖化に対して詳しく説明したとしても十分な答案だとはいえません。このように、どのような問題であっても、問われていることが何かまず確認し、その後に答案の構成を考えるという習慣を身につけてください。

Step 2：社会問題が生じている原因を分析する

地球温暖化の原因は何でしょうか？　多くの人に知られていることですが、温室効果ガス（主にCO_2）の増加が原因となっています。ここで考えなくてはいけないのは、「なぜ温室効果ガスが増加しているのか」です。その増加している理由を挙げてみると、

- 化石燃料の発電（火力発電など）による二酸化炭素の排出
- 工業施設からの産業排気ガスの排出
- ガソリンの自動車から出る排気ガスの排出
- 各家庭で使用する資源（電力など）の増加
- 世界的な森林の減少

などが挙げられます。

ちなみに、日本の部門別の二酸化炭素排出割合は以下の図のとおりです。だいたいの割合を頭に入れておくと、原因がわかりやすいでしょう。

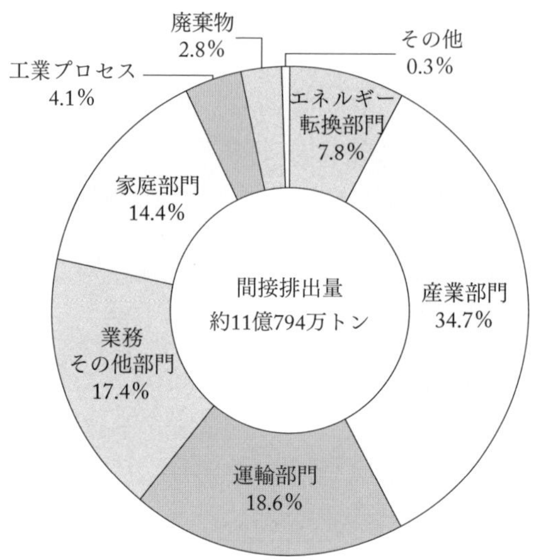

〈2019年度　日本の部門別二酸化炭素排出量の割合〉

Step 3：解決策を列挙する

では次に、**Step 2**で考えた原因に対して、できるだけ多くの解決策を列挙してみましょう。例えば、

- 化石燃料による発電（火力発電など）

⟶風力発電や太陽光発電などの再生可能エネルギーによる発電を促進。

- 工業施設からの産業排気ガスの排出

⟶炭素税（炭素を含む化石燃料の消費に課す税金）の導入。

- ガソリンの自動車から出る排気ガスの排出

⟶電気自動車の普及や公共交通機関の利用の促進。

- 各家庭で使用する資源（電力など）の増加

⟶各家庭における省エネを徹底、もしくは省エネ家電の普及の促進。

- 世界的な森林の減少

⟶森林保全活動や植樹活動を促進。

などが解決策として考えられます。

Step 4：適切な解決策を検討する

Step 3で挙げた解決策を評価し、小論文の答案に書くべきものを選んでいきましょう。ちなみに、原因も解決策もほとんど思いつかない場合は、「環境によいといわれていることって何だっけ?」と考えて解決策をひねり出しましょう。身近なものに「エコバック」や「エコカー（自然環境保全に配慮した車）」などがありますが、「省エネ」に関する事例があることなどを思いつけるとよいでしょう。そこから「エコバックの普及」や「電気自動車などのエコカーの推進」などの解決策につなげていくことができればベストでしょう。

Step 5：解決策の実現可能性を高める

Step 4で挙げた解決策の中で、何が現実的に実行できそうかを考えましょう。大学受験というレベルの中では、それほど厳密な解決策は求められていません。そのため、よほど非現実的な解決策でさえなければ、それほど減点はされません。例えば「生物は呼吸すると二酸化炭素を出すので、地球上にいる生物の数を減らすべきだ」という解決策には現実性がないですよね。

現実的で実現可能性が高い解決策を書くには、知識をつけるのが手っ取り早いですが、知識があまりない場合には、身近で実際に行われている解決策に言及するのもよいでしょう。ここでは、太陽光発電を取り上げて解答を組み立てていきます。

太陽光発電のパネルは、住居や公共の建物の屋上などに設置されているのを見たことがあるかと思います。その「太陽光パネル」をどうやったら普及させることができるかについて考えてみましょう。そこまで考えないと、字数が埋まりませんし、説得力のある解答は作成できません。安易ではありますが、例えば「政府が太陽光パネルの普及のために補助金を出す」なども有効な方法だといえるでしょう。

Step 6：選んだ解決策を用いて、解答用紙に書く

Step 1～5をもとに、解答を書いてみましょう。

では、太陽光発電の普及を解決策とした合格答案を見てみましょう。

合格答案①

地球温暖化を解決するために、太陽光発電の普及を促すべきだ。

地球温暖化が進んでいる原因は、二酸化炭素が増加していることにある。そして、この二酸化炭素の増加には人間が化石燃料を大量消費することが関係している。したがって、化石燃料を多く使う火力発電を減らしていく手段を考える必要がある。

そこで、再生可能エネルギーに注目すべきだと考える。再生可能エネルギーとは自然環境に無限に存在する資源によって得られるエネルギーのことで、太陽光発電は日光を資源に発電する。そのため、二酸化炭素を発生させずに発電できる。そして、太陽光パネルは屋根の上や空き地などの比較的狭い場所にも設置可能である。さらに、政府が積極的に宣伝したり、太陽光パネル設置に補助金を出したりすることで、太陽光発電を普及させるべきだ。

一方で、太陽光発電には雨天時や夜間に発電できないという短所がある。しかし太陽光発電と火力発電とを両立させることで、発生する二酸化炭素の量は減らせる。だとすれば、太陽光発電は、地球温暖化を解決する手段として有効だといえる。

以上から、太陽光発電の普及を促すべきだと考える。 [477字]

加点ポイント

- **なぜ解決策（太陽光発電）が有効で、どのように役立つのか、具体的に説明できている。**
- **再生可能エネルギーの中でも、太陽光発電に着目した理由を説明している。**
- **本論がわかりやすい段落構成（地球温暖化の原因と着目した課題・太陽光発電の有効性・短所も踏まえた意見）になっている。**

※近年、太陽光パネルは大規模な森林伐採をして太陽光パネルを設置する「メガソーラー問題」が話題になっています。加えて、発電量が非常に少ないことも話題になっています。そのため、太陽光発電を完璧な解決策ではなく、ここでは解答例の一つとして考えましょう。

合格答案②

過度な森林伐採を防ぐことが、地球温暖化の解決に役立つと考えられる。

地球温暖化の原因である二酸化炭素の増加は、光合成をする植物が減少していることにも一因がある。それならば、森林を減少させないことが有効なのである。

そこで、森林の減少を食い止めるための対策として、第一に、消費者一人一人が環境に配慮した商品を購入することが考えられる。例えば、パーム油の原料であるアブラヤシを生産するために、大規模な森林伐採や泥炭地の開発が行われている。これに対して、RSPOが監視し、環境に配慮した商品には認定証を与えるという取り組みが行われている。この認定証が付いた製品を購入し、RSPOの認定証の重要性を維持させることは、私たち消費者ができる対策であるといえる。

第二に、発展途上国に対する技術提供が考えられる。パーム油の生産や焼畑農業は、労働者の立場からすると生活に必要なのであって、直ちにやめることは難しい。そこで、これらの労働に頼らざるを得ない発展途上国に対して支援や技術提供をすることで、国際的な取り組みを進めるべきだ。

このように、過度な森林伐採を防ぐことが、地球温暖化の解決に役立つと考える。

[494字]

加点ポイント

- **それぞれの方法がどのように役立つか、説明できている。**
- **RSPO（持続可能なパーム油のための円卓会議）など、地球温暖化に関連した情報をピックアップできている。**
- **このような森林伐採に関する問題では、現地の労働者に対する視点を見落としがちであるが、そこに関しても言及できている。**

不合格答案

地球温暖化を解決するために環境にやさしいエネルギーをより活用することが必要だと考える。環境にやさしいエネルギーとは日光や風など、自然に絶えずある資源を活用して生まれるエネルギーのことである。そして、CO_2を排出しないクリーンエネルギーだ。
→自然エネルギーは完全にCO_2を排出しないわけではない

地球温暖化とは地球全体の気温が長期間上昇することで、私たちにさまざまな影響を及ぼす。例えば、南極や北極の氷が溶け、海水面が上昇する。それによって低い標高の小さな島国は消滅し、そこに暮らす人々は生活できなくなってしまう。ツバルが「沈みゆく国」と呼ばれるのはそのためである。日本で最近ゲリラ豪雨が多発しているのも、温暖化で亜熱帯気候に近づいているからである。
→正確な情報ではない

この原因は温室効果ガスだ。温室効果ガスとは赤外線を吸収することで大気に熱を閉じこめる気体である。その中でも、CO_2の増加について考えるべきである。

だから、環境にやさしいエネルギーによって供給される電力量を増やしたい。確かに天候次第で電力の供給量が変わってしまうが、地球を守るためにはやむを得ない。それくらい、地球温暖化は深刻な問題なのである。
→「したがって」などの書き言葉にする
→志望理由書ではないので、このような表現は控える
→主観的な文章になっている

以上より、エコなエネルギーが重要なエネルギーである。 ［492字］

減点ポイント

- **問われていることに答えていない。解説で述べたとおり、解決策について具体的に説明することが求められている。第2段落のような温暖化についての具体例の説明は不要。**
- **序論と結論が不適切。解決策を端的に述べるべきである。**
- **4段落目の「確かに〜」の文が不適切。「地球を守るためにはやむを得ない」という文章は主観の入った独りよがりの文章といえる。**

解説動画はこちらから▶動画4

コラム③ 文字数に応じた書き方

この本では、小論文の基本的な書き方についてお伝えしていますが、ここでは文字数に応じて、どういった論理展開をしていけばよいのかについて説明します。

設問で設定される文字数は、問題ごとに違います。皆さんも気づいていると思いますが、400字の場合と800字の場合とで同じ書き方をしたら、800字のほうでは原稿用紙を埋められなくて行き詰まってしまいます。そのため、文字数に応じて書く内容を変化させなければなりません。もちろん、文字数に応じて大まかな論理展開はほとんど変わりません。しかし、書く要素が少し変化することを覚えておきましょう。例えば、400字程度の場合と、800字以上の場合とでは、次のように書き方を変化させることができます。

【400字程度の場合】

400字程度の場合は、書くスペースが非常に少ないです。そのため、前提や譲歩（反論）、提案は書く必要はほとんどありません。最も重要な要素である「主張ー理由（根拠）ー結論」をメインで書いてください。反論などは、書くスペースがないので、基本的にやめましょう。設問に対して、重要度が高いものを優先して書くようにしましょう。

【800字以上の場合】

800字以上の場合は、400字のときと同じ「主張ー理由（根拠）ー結論」の要素だけで書いていると行き詰まってしまうことが多いです。そのため、譲歩（反論）や具体例、提案も入れていく必要があります。小論文において、最も優先順位が高い要素は「主張ー理由（根拠）ー結論」ですが、800字以上の場合には、それよりも重要度が相対的に低い「提案」や「具体例」、「反論」まで書くスペースが生まれます。

では、ここで反論に説得力を持たせるための譲歩の書き方を解説します。例えば、以下のようなフォーマットがあるので覚えておきましょう

【譲歩＋反論の書き方の例】

- **「〜のようなデメリットもあるが、〜することで、このデメリットは打ち消すことができると考える。」**
- **「この場合、〜のような反論が想定される。しかし、〜という点でこちらの意見の方が社会全体の効用が高いと考える。そのため、こちらの意見に賛成する。」**

→ポイントとしては、譲歩の部分は、それほど長く書かずに、その後の「反論」の部分を重点的に書くようにしてください。なぜなら、その後の「反論」の部分が、設問で聞いている「あなたの意見」だからです。

最も大切なことは、1日目でも説明したように**「設問を分解して、それに的確に答えていくこと」**です。**大前提として、答える内容は設問によって変わります。例えば、「理由を述べなさい」という場合では、提案や反論は必要ありません。理由だけを述べるようにしてください。小論文には「この解答以外は不正解」というような絶対的な正解はありませんので、常に設問に沿って的確に答えるようにしましょう。**

上記の譲歩の書き方も、どのような設問であっても使用できるものではないので、注意しましょう。この書き方は、主に「賛成/反対か」「〜について論じなさい」「〜のあなたの意見を述べなさい」といった設問だった場合の書き方の例について言及したものです。

どのような問題が出るかは、志望する大学の過去問を参照して、事前に対策をしておくようにしましょう。

4日目

課題文がある小論文①

課題文を読み、
要約や自分の意見などを書く小論文について学びます。
4日目では、
まず課題文の読み取り方と要約の仕方について学習します。

4日目

課題文型小論文の読み取り

4日目からは、課題文型小論文の問題について扱っていきます。

課題文型小論文の問題には、課題文の内容を説明する問題や、要約する問題、そして課題文を踏まえたうえで自分の意見を論述する問題などがあります。

ここでは、いきなり課題文型小論文の問題を解いてみるのではなく、まずは課題文の基礎的な読み取り方について解説していきます。なぜなら、課題文型小論文では「課題文の読み取りが命」だからです。課題文を誤解して読み取れば、設問に的確に答えることができなくなるため、確実に不合格となってしまいます。

ちなみに、課題文の読み取り方は、現代文の読解法と全く同じです。そのため、現代文と小論文の実力は、相関しているといえます。

では、次からは、そんな現代文読解のテクニックを凝縮した課題文の基本的な読み取りのコツについて解説していきます。

課題文型小論文の課題文を読み解くためには？

どのような課題文にも共通する大切な読解の観点は、筆者の主張を見抜くことです。そのために、最低限知っておくべきコツは次の2点です。

筆者の主張を見抜くコツ

1 最重要キーワードを見つけ出す

2 接続語に注目する

これらを理解し、読解に生かせるようにしましょう。

1　最重要キーワードを見つけ出す

文章中には、主観が盛り込まれた表現、すなわち筆者の視点からの表現が直接用いられている部分があります。これが最重要キーワードとなります。このような表現は、大きく分けると三つあります。

▼主張を表すキーワード

まずは、次のような助動詞を含んだ文末表現です。筆者の感情や考えが表れているので、要注意です。

例「〜だろう」「〜するべきだ」「〜しなければならない」

▼「私」が主語となる考えを表す動詞

そして、動詞だけで主観を表す場合もあります。もっとも、主語が省略されている文もありますから、このような動詞を見つけたときは「私（＝筆者）」が主語として補えることを認識しましょう。

例「〜と考える」「〜と思う」「〜を望む」

▼主張を表す形容詞・形容動詞

また、主張を表す語句は動詞だけに限られません。具体例としては以下のような言葉が挙げられます。

例「良い／悪い」「適切だ／不適切だ」「便利だ／不便だ」

2　接続語に注目する

文と文とをつなぐ接続語も筆者の主張を見抜くための重要なキーワードの一つです。ここでは重要な接続語を挙げます。特に逆接の後には、筆者の主張がくることが多いので、注意が必要です。

▼順接

前の内容が後ろの内容の原因や理由となることを示す接続語です。

例「それで」「そこで」「すると」「したがって」「このような理由から」

▼逆接

前の内容とは逆の内容が後ろにくることを示す接続語です。前の内容を否定して主張を後ろに書くことで、主張の説得力が高まります。**文章中では、逆接の接続詞の後に、重要な内容（主張）が述べられていることが多々あるため、要注意です。**

例「だが」「しかし」「けれども」「ところが」「それにもかかわらず」「それどころか」

▼説明・補足

前の文をわかりやすく後ろの文で言い換えることを示す接続語です。主張をまとめて、わかりやすく後ろの文で整理するはたらきがあります。文章中では、説明・補足の接続語の後に、意味段落のまとめなど、重要な内容（主張）がコンパクトに述べられていることが多く、逆接の接続語と同じく要注意です。

例「つまり」「このように」「すなわち」「言い換えれば」「要するに」

これらの接続語に着目することで、次にどのような内容が続くのかを予測できるようになり、なおかつ筆者の主張を見抜きやすくなります。

以上の2点をおさえることこそが、筆者の主張を見抜くためのコツです。最重要キーワードがあれば意識してその文を読み返すことができますし、接続語に注目することで筆者の論理の展開を把握できます。したがって、丸で囲むなどして、印をつけながら文章を読み取る習慣を身につけましょう。

課題文の要約

ここでは、課題文を要約する問題について解説します。要約問題とは、課題文全体の中から筆者の主張をわかりやすく整理し、記述する問題です。つまり、出題者は、あくまでも**課題文に書かれている筆者の主張を文章の論理展開どおりにわかりやすく記述する**ことを求めています（自分の意見は書かない!）。そこに注意して、ここからは要約問題の解き方を解説していきます。

要約問題を解く3つのステップ

Step 1：課題文のテーマを見つけ、筆者の結論を理解する
Step 2：筆者の主張を見抜く
Step 3：文章全体の構造を把握する

では、解説に移ります。

Step 1：課題文のテーマを見つけ、筆者の結論を理解する

課題文全体の中から筆者の主張をとらえて的確に要約するためには、少なくとも「○○というテーマについて、筆者は△△だと言いたかったんだな」程度の理解が必要になります。つまり、課題文で問題提起されたテーマと最終的な筆者の結論の二つは要約文に含める内容として必要事項です。字数内に収める検討をする際に、この2点は省略しないようにしましょう。

Step 2：筆者の主張を見抜く

当然ながら筆者は結論だけを文章中に書いているわけではありません。文章全体を通して、なぜそのような結論になるのか、といった根拠や意味段落ごとの主張が書かれています。課題文に書かれている筆者の主張を要約文に書くためには、これらもしっかりと拾う作業が必要です。その際に最低限意識すべきポイントは、P.94「筆者の主張を見抜くコツ」で示したとおり、

①最重要キーワードを見つけ出す

②接続語に注目する

の2点です。もっとも、字数制限の都合上、筆者の主張の全てを拾うことができない場合もあります。その場合は、課題文のテーマや筆者の結論に照らして、何が大切な主張かを取捨選択する必要があります。

Step 3：文章全体の構造を把握する

要約問題では課題文の論理展開に沿わせることが前提として求められています。よって、文章全体の構造を把握する必要があります。**構造を理解するためのポイント**は、次のとおりです。

▼意味段落を理解する

1マス空けて書かれた文から始まる文のまとまりを**形式段落**というのに対して、文章を内容ごとに分けたまとまりを**意味段落**といいます。意味段落の多くは、形式段落がいくつか合わさったものです。この意味段落ごとに筆者の主張をおさえることは、要約問題の答案作成に大いに役立ちます。

▼具体例を省く

文章中には、筆者の主張の根拠として具体例が示されていますが、要約文には基本的に書きません。ただ、具体例は筆者が自らの主張を読者にわかってもらうために示しているものです。そこで、具体例が筆者のどの主張に対して挙げられているのかを意識してみると、筆者の主張がとらえやすくなります。

▼繰り返しを見抜く

文章中で筆者が繰り返し説明している内容は、筆者の結論と結びつくものが多いため、要注意です。この繰り返しには、語句が直接繰り返されているものの他に、同じ内容の文を繰り返しているものなどがあります。

以上のポイントを意識することで、筆者の主張を課題文全体から拾い上げ、接続語などを適宜補いながらまとめるのが、要約問題を解く際に必要な作業です。

要約問題　基礎編

今までの学習内容を踏まえ、ここからは実際に短めの課題文を用いて、要約問題を解いていきましょう。

例題 1

以下の文章を100字以内で要約しなさい。

死刑制度について、私はあってよいと思わない。なぜなら、えん罪の存在があるからだ。例えば、有名なえん罪事件として、免田事件がある。これは、被告人に死刑判決が下されたのち、31年もの歳月が経過した後で、再審で無罪が確定した事件である。この事件の被告人は無罪が確定したからよかったものの、もしも死刑が執行されていた場合には、罪なき者の人生を奪ってしまっていただろう。

裁判とは、「裁判官」や「検察官」などという人間によって行われるものである。人間なら誰しも間違いや勘違いをすることはあるため、えん罪が生まれるリスクは常にある。だからこそ、被害の回復をすることができない死刑を執行すべきではない。それだけえん罪は重大な問題だといえる。

例題1で意識してほしいポイントは、「具体例を省く」の1点（のみ）です！筆者の主張を見抜きつつ、わかりやすくまとめましょう！

Step 1：課題文のテーマを見つけ、筆者の結論を理解する

冒頭から明らかなように、テーマは死刑制度です。

筆者は死刑制度に反対するという結論を最初に示しており、1段落目から一貫して、その主張が読み取れます。

Step 2：筆者の主張を見抜く

死刑制度に反対する主張の根拠として、筆者はえん罪の存在を挙げています。

さらに、2段落目では、裁判で下された判決には、常にえん罪のリスクがあることを述べた後、死刑を執行してしまったらえん罪の被害を回復することができないという点を述べていることも把握すべきでしょう。

Step 3：文章全体の構造を把握する

最後に、文章全体の構造を理解していきましょう。**例題1**のポイントは、「具体例を省く」です。1段落目の第3～5文に書かれていた免田事件が具体例にあたります。すなわち、実際に要約の際に注目する部分は、1段落目第3～5文を飛ばす必要があります。このように、答案を考えるうえでは、具体例は省きましょう。

なお、本問は短めの文章であり、なおかつ一貫して死刑制度に反対する意見が述べられているため、意味段落は一つと捉えてよいでしょう。また、繰り返し用いられている表現もとりわけありません。

これらのことを考えて、合格する答案を作成してみましょう。

合格答案

えん罪がある以上、死刑制度は廃止すべきだ。裁判とは人間が運営するため、えん罪のリスクが常にある。死刑が執行されてしまえば被害の回復が不可能なのだから、それだけえん罪とは重大な問題である。

［93字］

では基礎レベルの例題をもう一つ練習してみましょう。

例題 2　以下の文章を読み、100字以内で要約しなさい。

この社会で人間を観察すると見えてくることがある。満員電車で死にそうな顔をして出勤する会社員のように、固定化された毎日を過ごしているつまらない人々。社会の仕組みや階層構造に従うことしかできない彼らは、一体誰の人生を生きているのだろうか。私が考えるに、この社会のほぼ全員の人は、そのありふれた状態において条件付けに支配された機械のようであり、物事を意図的に為す能力を著しく欠いている。言い換えれば、自らの意思ではなく、さまざまな外的要因によって自らの人生に対する能動的な姿勢を失っているともいえる。だからこそ、一刻も早く私たちは「機械であること」をやめなければならない。

例題2で意識してほしいポイントは、

- 筆者の主張を見抜く
- 具体例を省く
- 繰り返しを見抜く

の3点です。

今日学んできた内容を振り返りつつ、解いてみましょう！

Step 1：課題文のテーマを見つけ、筆者の結論を理解する

この文章は、第3文で「一体誰の人生を生きているのだろうか」と述べられているように、社会における人々の生き方がテーマです。最後の第6文が筆者の結論であることをとらえましょう。

Step 2：筆者の主張を見抜く

本問では、P.94で示した「筆者の主張を見抜くコツ」の「1 最重要キーワードを見つけ出す」が生かされます。具体的には次のとおりです。

・「私」が主語となる考えを示す表現として、第4文（「私が考えるに」）。
・主張を表すキーワードとして、第6文（「やめなければならない」）。

Step 3：文章全体の構造を把握する

まず、第1文と第2文は、第3文の「彼ら」を説明するための具体例なので、要約文からは省いて構いません。

そして、第5文の冒頭に「言い換えれば」と書かれていますので、第5文は第4文の繰り返しとなっています。このような主張の繰り返しが見られる場合、重要な要素だけを残しましょう。また、人々の生き方について「機械」という言葉も繰り返し用いられています。なるべく直接的に書かれているものを選択し、答案に反映させましょう。

なお、本問の段落構成は1段落ですので、意味段落について考える必要はありません。

これらを踏まえると、次のような答案が作成できれば合格点となります。

合格答案

この社会のほぼ全員が、物事を意図的に為す能力を欠き、条件付けに支配された機械のようである。彼らは、外的要因によって人生への能動的な姿勢を失っている。私たちは、そんな機械的な人生から脱却すべきである。

［99字］

解説動画はこちらから▶動画5

要約問題　応用編

応用編では、実際に大学入試で出題された文章を題材に、要約問題を解いていきましょう。

文章を読み進める中で実際に筆者の主張や接続語、意味段落などにわかりやすくマークしつつ、チャレンジしてみてください。

解答時間の目安は30分です。

例題

以下の文章を読み、200字以上250字以内で要約しなさい。

1『自虐史観』を植えつけられて、若者が自国に誇りを持てなくなっている。」

2「行き過ぎた個人主義がはびこり規範意識が低下している」

3こう熱心に主張される向きには、まずは安心して頂きたい。

4閣議決定された今年の「子ども・若者白書」は、日本、韓国、米国、英国、ドイツ、フランス、スウェーデンの計7カ国で、13～29歳の男女約千人ずつを対象に昨年実施したインターネット調査の結果を掲載した。

5「自国人であることに誇りを持っている」と答えた人の割合は、日本が70%。米国、スウェーデン、英国に次いで高く、「自国のために役立つと思うようなことをしたい」は55%でトップだった。一方「他人に迷惑をかけなければ、何をしようと個人の自由だ」は42%。他国平均は約8割で極端に低い。

6調査で若者意識すべてをつかめるわけではないが、気になるのは「自分自身に満足している」と回答した人の割合が日本は46%で最下位だったことだ。他の6カ国は7割を超える。

7日本人であることの誇りが、自分自身への満足を大きく上回るという日本だけのこの傾向をさて、どう考えたらいいのか。

8いまを生きる子どもや若者の意識からは、目に見えない、この社会の「気分」を感じ取ることができる。正解はない。ただ、基調には「どうせ」が漂っているように思えてならない。

9「自分の将来に明るい希望を持っている」(62%)、「うまくいくかわからないことにも意欲的に取り組む」(52%)、「社会をよりよくするため、社会における問題に関与したい」(44%)、「私の参加により、変えてほしい社会現象が少し変えられるかもしれない」(30%)。すべて日本が最下位だ。

10「どうせ」は便利だ。高望みしなければ、失望せずに済む。低成長時代に適合した、「幸せ」な生き方だとも言える。

11だが、「どうせ」が広がると、本来は自分たちの手でかたちづくっていくはずの社会が、変わりようのない所与のものとして受けいれられてしまう。

12人は社会のなかで役割を担い、そのことを通じて人に認められたいという欲求を満たし、生きている実感を手にできる。「どうせ」な社会はおそらく、その機能を持ち得ないだろう。

13「どうせ」なんかじゃない。

14彼らよりも長く生きている「大人」がそれを示せるかどうかが、まずは問われている。「そんなキレイゴトじゃ、どうせ何も変わらないんだよ」で、片付けてしまわずに。

(熊本大学文学部前期入試)

(出典:朝日新聞・社説　2014年6月17日による)

いかがでしたか？　文章の長さ自体は、よく出題される課題文と比べると比較的短いものになります。そして、制限字数を緩やかに設定したため、易しく感じたかもしれません。

解説を見ながら、自分が今日の学習内容を理解できているか確認しましょう！

Step 1：課題文のテーマを見つけ、筆者の結論を理解する

文章全体を踏まえると、「子ども・若者白書」に掲載されているインターネット調査の結果のうち、日本人であることの誇りが自分自身への満足を大きく上回るという日本人特有の傾向について、話が展開することがわかります。そのため、第7段落の１文が、この課題文のテーマを示しているといえます。

そして、この、「どう考えたらいいのか」（第7段落）という問題提起に対して、筆者の示した答えは多岐に渡っています。日本人特有の傾向には「どうせ」が漂っていることが原因にあるという主張（第8段落）や、「どうせ」が広がることの問題点（第10～12段落）、解決策（第14段落）が挙げられています。このように、本問では必須事項が多いため、あまり重要でない部分まで要約文に入れてしまうと大きく減点される問題だといえます。

Step 2：筆者の主張を見抜く

ここでは、実際に「筆者の主張を見抜くコツ」にあてはめて、意識するべき表現を確認していきましょう。これらにあてはまった言葉のある文は、筆者の主張が書かれている可能性が高く、答案を考える中で大切な部分となります。

1　最重要キーワードを見つけ出す

▼主観（心の態度）を表すキーワード

第8段落の第３文：「思えてならない」

第11段落の第１文：「受けいれられてしまう」

第12段落の第２文：「～だろう」

▼「私」が主語となる考えを表す動詞

第6段落の第１文：「気になるのは」

▼**主観を表す形容詞、形容動詞**

第10段落の第１文:「便利だ」

2　接続語に注目する

▼**逆接**

第6段落の第１文:「(つかめるわけではない) が」

第11段落の第１文:「だが」

──►どちらも逆接の接続語で前後の内容がつながっている。

課題文を読む際に、これらの表現に印をつけることができていれば、基本的な読み取りができていることになります。

Step 3: 文章全体の構造を把握する

では、P.98で示した「構造を理解するためのポイント」にあてはめつつ、確認していきましょう。

▼**意味段落を理解する**

本問では次のように、形式段落を意味段落ごとにまとめることができます。**Step 1**で理解した課題文のテーマを踏まえると、意味段落の1と2のほとんどが筆者の結論に関係ないことがわかりますね。

第1段落～第3段落 (日本人の自国に対する誇りの低下を心配する意見)

第4段落～第6段落 (「子ども・若者白書」に掲載されているインターネット調査の結果)

第7段落 (問題提起)

第8段落～第9段落 (日本特有の傾向が生じる原因)

第10段落～第12段落 (「どうせ」の問題点)

第13段落～第14段落 (「どうせ」をなくすためには)

▼**具体例を省く**

本問では第4、5、6、9段落が具体例となっており、これらは省いて考えることになります。もっとも、日本特有の傾向が第4段落から読み取れる「子ども・若者白書」に掲載されているインターネット調査の結果からわかることであるという程度ならば、入れても問題ないでしょう。

▼繰り返しを見抜く

後半で、「どうせ」という言葉が繰り返されているので、要約文に入れる必要があります。「どうせ」な社会がどういうものなのかは第12段落からわかります。また、第13段落の「『どうせ』なんかじゃない」を直接要約文に入れてしまうと、文がうまくつながらず、わかりやすい記述にはなりません。よって、そこをどう答案に一般的な言葉で書き改めるかについては、受験生の要約力が試されているといえます。

では、合格レベルの答案と不合格レベルの答案を見ていきましょう。

合格答案

日本人であることの誇りが自分自身への満足を大きく上回るという日本人の若者だけに見られる傾向は、「どうせ」が社会の基調に漂っていることが原因である。「どうせ」が広がると、社会が自分たちの力では変えようのないものとして受けいれられてしまう。そして、社会で自分たちが役割を担い、認められることで生きている実感を得られる社会ではなくなってしまう。よって、若者よりも長く生きる大人が、社会に積極的に参加する姿を見せるべきである。

[210字]

加点ポイント

- **必須事項を全て書き込めている。**
- **具体例を省き、接続語を適切に使って、筆者の主張をうまくまとめている。**
- **第13段落の「『どうせ』なんかじゃない」という主張を踏まえて、適切に結論を示せている。**

不合格答案

若者が日本に誇りを持てなくなっているという意見は、「子ども・若者白書」に掲載されているインターネット調査の結果によると間違いである。そして、問題となるのは日本人であることの誇りが自分自身への満足を大きく上回るという日本人特有の傾向である。これの基調には「どうせ」が漂っているように思えて、「自分の将来に明るい希望を持っている」などの数値が日本が最下位であるから明らかだ。大人が「『どうせ』なんかじゃない」と若者に伝える必要があるのだ。 [217字]

減点ポイント

- **必須事項のうち、「どうせ」が広がることの問題点（第10段落）が抜けている。一方で、具体的な項目における調査結果を入れており、具体例を省けていない。**
- **また、要約文の1文目が、インターネットの結果からわかったことのポイントをおさえたものになっていない。筆者の主張に必要なポイント（日本人の若者が自分自身に満足できていないこと）をおさえて要約する必要がある。**
- **この答案のように、「『どうせ』なんかじゃない」を直接引用すると明らかに不自然なものとなる。この表現はあくまでも主張を強調するための表現にすぎないので、一般的な言葉でわかりやすいまとめ方を工夫する。**

このように、要約問題では、「どうやって筆者の伝えたい主張を見抜くか」、「どのようにして具体例を省くか」が重要になります。この考え方は、文章の読解で最も重要なため、現代文でも小論文でも大切な考え方です。筆者の主張を正確にとらえるためには、接続語も鍵になってきますので、接続語のはたらきもおさえておきましょう。ある現代文の有名な予備校講師が「接続語は、現代文における交通標識であり、それに沿って読んでいけば解ける」と言っていましたが、そのとおりだと思います。接続語と、筆者の主張が入るキーワードは必ずおさえておきましょう。

コラム④ 意見提示型の問題に対して どう答えるか

小論文の入試問題では、意見提示型の問題が問われることがあります。例えば、「インターネットは異文化交流においてどのような役割を果たすかについて論じなさい。」というような、大まかなテーマを提示され、それについての言及を求められるような問題です。このような意見対立型でもなく問題解決型でもない設問の場合、どう答えるのがよいのでしょうか？　こうした場合は、例えば次のように書き出すことを推奨しています。

【答え方の例】

①インターネットは異文化交流においてどのような役割を果たすかについて、あなたの意見を論じなさい。
　書き出し：インターネットは異文化交流において、～といった役割を果たすと考える。

②これからの企業は、どのようにして社会的責任を果たしていくべきか。あなたの意見を論じなさい。
　書き出し：企業は、～というような社会的責任を果たしていくべきだと考える。

③異文化研究にはどのような意義があるか。あなたの考えを述べなさい。
　書き出し：異文化研究には、～という意義があると考える。

このように、まずは**設問で求められていることに、最初の一文で明確に答える**ようにしましょう。その後の続け方は、あまり他と変わりません。例えば、①であれば「提示した役割を果たしていると考えた根拠」「具体的にはどのような役割なのか」「具体例」などを使用して、最初の一文に説得力を持たせていきましょう。小論文は、あくまでも主張して論理的に納得させる文章ですので、どのような問題でもそれを忘れないようにすることが大切です。

コラム⑤ 小論文の時間配分

小論文の入試本番では、正直なところ「時間配分」が合否の鍵を握っています。実は、不合格になる受験生の多くが、「時間内に書き切れなかった」という後悔をしているのです。そのため、時間配分を制することが、非常に重要となります。「本番で時間が足りない」なんてことがないように、普段から時間配分を意識した練習をしましょう。例えば、90分の試験であれば、次のような時間配分で解くことをお勧めします。

【時間配分の例(90分)】

①全体像の把握:約1分→問題の形式や設問の数などの全体を見渡す
②課題文を読む:約15分(課題文の量にもよって変わる)
③書き始める前のメモ:約5分
④実際に答案に書く:60分
⑤見直し:約9分

上記のような時間配分を参考に、まずは練習してみましょう。もちろん、人によって最適な時間配分は変わりますし、設問の数や課題文の量にも左右されるでしょう。最終的には、必ず志望大学の過去問に取り組んでみて、自分で時間の理想的な配分を見つけられるようになるのがベストです。基本的に、過去問と同じような形式の問題が出題されるので、志望大学の過去問で時間配分をつかむのは非常に大切です。

ただし、大学によっては過去問がない場合もあるかと思います。その場合は、小論文の問題集(※小論文ノートなど)も販売されているので、それらの問題を時間配分を意識して解いてみることをお勧めします。本番では絶対に時間切れにならないように、問題演習を日々頑張ってください。指定字数をしっかり埋めることができるだけでも合格率は上がりますよ。応援しています。

※「新小論文ノート」シリーズ(日本入試センター・代々木ゼミナール)

5日目

課題文がある
小論文②

5日目では、
大学入試で頻出の形式となっている課題文がある
小論文の問題に取り組みます。

5日目 課題文型小論文の書き方

課題文の読解法に関しては、4日目で説明しました。5日目からは、実際に課題文のある小論文の問題に取り組んでいきましょう。

「課題文を読まなくてはいけないので、テーマ型より難しいのではないか」と思われる読者も多いかもしれません。でも、安心してください。実は、テーマ型の小論文よりも簡単です。なぜなら、課題文という長いヒントがあるため、小論文を書くための参考になりやすいのです。

では、念のため現代文で問われる記述問題と課題文型小論文の共通点を述べておきます。

1 現代文も課題文型小論文も読解の手法は全く同じである。
2 現代文も小論文で課される課題文も、社会に対して何らかのメッセージが含まれている。

──►接続語や筆者の主張を追いかけながら読む点が共通しています。そして、その主張には、何らかの社会問題だったり、世の中の疑問だったりに対する意見が含まれています。

逆に、相違点について、見てみましょう。

3 小論文で要求される文字数は、現代文の記述問題よりも多い。
4 現代文とは違って小論文では自らの意見を示さなければならない。

──►現代文の記述問題は多くても100字程度までですが、小論文で求められるのは平均して400字以上の文章です。そして、「筆者の主張に対して、あなたはどう考えるか。論じなさい。」というような課題文が読解できていることを前提とした設問が出題されます。

課題文型小論文　例題①

では、ここからは頻出の課題文型小論文の問題を解いていきましょう。4日目よりも難易度が高くなってきますが、頑張って解いてみましょう。

例題①

次の文章は、ロシア語通訳者である著者が、日本の教育方法について述べた文章である。よく読んで、設問に答えなさい。［60分］

○×モードの言語中枢

「日本の経済学者のほとんどが、エッ、ほんとに学問やってるの？　て感じの人が多いんだよね、多すぎる」

頭脳明晰(めいせき)、英語も日本語も堪能(たんのう)なモスクワ大学経済学部長のVは歯に衣(きぬ)着せない。実は学会で通訳をするたびに、日本人研究者の発言における語と語のあいだの関係性の希薄さについては、わたしも感じていたところなので、ちょっと突っ込んでみた。

「学問的でないというのは、どういうところが？」

「知識は豊富なんだけど羅列なんですよ。それを体系化して現実の全体像を把握するのが学者の仕事だと思うのだが。日本は学問観が違うのかなあ」

学問観の違いというよりももっと根が深い気がする。知識観の違い、それをベースにした教育方法そのものの違いなのではないか。

三〇年以上も昔のこと。中学二年の三学期に、チェコのプラハから帰国し、地元の学校に編入させられたわたしは、ほとんどのテストが○×式か選択式であるのに、ひどく面食らった。

次に列挙する文章のうち、正しいものには○を、間違ったものには×を記せ。

(　) 刀狩りを実施したのは、源頼朝である。

(　)鎌倉幕府を開いたのは、源頼朝である。
(　)「源氏物語」の主人公は、源頼朝である。

鎌倉幕府が成立したのは(　　　　　)年である。

上の文のかっこ内に当てはまるものを、以下の①〜④の中から選んで埋めよ。

①一八六八　②一六二二　③一四九七　④一一九二

初めてこのタイプの出題に接したときは、正直言って、嘘じゃないか、冗談じゃないかと思った。無理もない。それまで五年間通っていたプラハの学校では、論文提出か口頭試問という形での知識の試され方しかしていなかったのだ。

「鎌倉幕府が成立した経済的背景について述べよ」

「京都ではなく鎌倉に幕府を置いた理由を考察せよ」

というようなかなり大雑把な設問に対して、限られた時間内に獲得した知識を総動員して書面であれ口頭であれ、ひとまとまりの考えを、他人に理解できる文章に構築して伝えなくてはならなかった。一つ一つの知識の断片はあくまでもお互いに連なり合う文脈を成しており、その中でこそ意味を持つものだった。

ところが、日本の学校に帰ったとたんに、知識は切れ切れバラバラに腑分(ふわ)けされて丸暗記するよう奨励されるのである。これこそが、客観的知識であるというのだ。その知識や単語が全体の中でどんな位置を占めるかについては問われない。

これは辛かった。苦痛だった。記憶は、記憶されるべき物事と他の物事、とくに記憶する主体との関係が緊密であればあるほど強固になるはずなのに、単語と単語のあいだの、そして自分との関係性を極力排除した上で覚え込むことを求められるのだ。ひたすら部品になれ、部品になり切れと迫られるようだった。自分の人格そのものが切り刻まれ解体されていく恐怖を感じた。たまらなくなって担任教師に訴えると、彼は誠実に答えてくれた。

「論文や口頭試問では、評価が大変です。教師の力量が足りませんし、教師対生徒の人数比を今の半分にしなくてはなりませんね。それに、評価するものの主観によって評価が左右される。不公平になるでしょう」

そのときは、どこか腑に落ちないものの、一応納得して引き下がったわたしが、今では心の中で反論し続けている。公平な評価なんてフィクションだ。今の方式だと、機械でも採点出来るから、評価の基準が画一化するだけのこと。単に教師が評価に責任を負わなくても良くなるだけだ、と。

（富山大学 後期入試改）

（出典：米原万里『心臓に毛が生えている理由（わけ）』（角川学芸出版、2008年）所収、初出は三省堂「ぶっくれっと」No.146、2001年）

問1：筆者は、日本の教育方法をどのように考えているのか。200字以内で要約しなさい。

問2：筆者の主張に対して、日本の教育をどうすべきかについて、あなたの意見を500字以内で論述しなさい。

この課題文は、まさに、日本の教育の問題点を突いた文章といえるでしょう。教育に対する問題は、どの学部であれ頻出のものです。今回の例題は、特に日本の暗記型学習に対して警鐘を鳴らすものです。文章としては難しくないものだったと思います。

小論文の課題文が現代や日本の社会問題を取り上げている場合、その文章には、

- 「筆者の批判」＝従来の問題点や間違ったあり方を指摘。
- 「筆者の主張」＝今後の対策や、本来あるべき姿の提案。

が述べられていることが多いです。そこで、課題文を読むときにはこの2点に分けながら要点をおさえていきましょう。

問1は要約問題なので、4日目で学んだテクニックを使用して解答しましょう。

問2は論述問題なので、筆者の意見と自らの意見を合わせて、本文には書かれていない自分自身の主張を展開しましょう。

問1の解説

ここでは、4日目で解説した要約の方法に沿って解いていきましょう。

筆者の主張をまとめてみると、重要な論点は以下の3点です。

①日本の教育における「知識は切れ切れバラバラに腑分けされ、それを丸暗記する」ということへの問題意識。
②獲得した知識を総動員して自分の考えを他人に伝える力が必要であり、一つ一つの知識は互いに連なり合う文脈を成しており、その中でこそ意味を持つ。
③○×式や選択式は機械でも採点でき、評価基準を画一化できるというだけであり、教師が責任を負わなくてよいから採用されているにすぎない。

では、この三つの論点をまとめて答案を作成しましょう。

合格答案

日本の教育では、知識が断片的に暗記させられ、単語間の関係性を排除して教えられる。だが、これでは知識を単に丸暗記しているにすぎない。知識は、体系的に理解することが重要であり、それによって記憶も強固になる。一つ一つの知識の断片は、互いに関連する文脈があり、その中でこそ意味を持つのだ。日本のように、○×式や選択式によって学力を評価するのは、評価基準を画一化するだけで、教師が責任を放棄していると言える。

[199字]

加点ポイント

- **冒頭のロシア人との会話や、筆者の学生時代の体験など具体例を省き、抽象的な概念としてまとめた文章後半の内容を中心にまとめることができている。**
- **筆者の主張の要点をおさえている。**

不合格答案

日本では、丸暗記型の学習が目立ち、単なる知識を持っている人が「学力が高い」と定義されてしまう。まさに、それは、モスクワ大学の教授が指摘したような「知識は豊富だが羅列に過ぎない」と苦言を呈するところ（→具体例を入れてしまっている）である。日本では論文や口頭試問では公平な評価ができないと考えられているし、それをする教師の力量もない。だからこそ、筆者の考えるように、日本の教育には何の価値も意味もないのだ。（→ここまでは言っていない）

[185字]

減点ポイント

- **主要な論点である「一つ一つの知識は互いに連なっている」、つまり「知識と知識を関連づけてとらえることが大切」を書くことができていない。**
- **筆者の言葉を自分なりに曲解して書いてしまっている。自分の意見は要約では必要ない。あくまでも筆者の文章をまとめるのが重要である。**

問２の解説

設問は「筆者の主張に対して、日本の教育をどうすべきかについて、あなたの意見を500字以内で論述しなさい。」です。1日目でも解説しましたが、必ず設問を分解して、何に対して答えるのかを明確化しましょう。

この設問を分解してみると、正しく解答するには、次の要素が必要になります。

1「筆者の主張」に対する正しい理解。
2「日本の教育をどうすべきか」に対する意見を、**問1**の要約問題を踏まえて解答する。

では、この二つの要素にしたがって解説していきます。

1「筆者の主張」に対する正しい理解。

では、まず**1**の 「『筆者の主張』に対する正しい理解」に対してアプローチしてみましょう。ここでいう「筆者の主張」とはどんなことでしょうか。実は、これこそがまさに**問1**で解答したことなのです。

そのポイントを提示すると、

- 「知識は断片的に扱われ、一つ一つを丸暗記するだけ」の日本の教育への批判をしている。
- 「一つ一つの知識は互いに連なり合う文脈を成しており、その中でこそ意味を持つ」と考えているため、日本の教育に対して疑問を呈している。

となります。

では、「筆者の主張」を適切に把握したところで、次の要素に進みましょう。

2「日本の教育をどうすべきか」に対する意見を、**問1**の要約問題を踏まえて解答する。

まず、賛成か反対かを聞いているわけではないので、安易に賛成/反対を述べるのはNGとなります。なぜなら、

「どうすべきか」＝「どんな手段があるか」「具体的に何をするとよいのか」

を聞いているので、単純に「賛成/反対」を聞いているわけではないからです。とにかく、高得点を取るためには、設問で聞かれていることに対して素直に答えることが非常に重要なのです。

ここで、思考を次に進めてみましょう。

筆者の考えに対して、単純に「賛成/反対」で書くべきではないことがわかりました。ただし、そうはいっても、筆者の考えに対して批判的に反論する方向で書くのか、それとも賛同する方向で書くのかは迷うと思います。

では、まずこれに反論する内容で書くことを考えてみましょう。

センター試験が共通テストに変わったように、今の日本の政策的にも、今の丸暗記型のテストを改善していく流れになっています。共通テストには、記述問題を導入しようとする議論も活発でした。そのため、もしも筆者の主張に反論するならば、時代の流れに逆行する主張をすることになってしまいます。

さらに、筆者の考えに異を唱え、「丸暗記型の詰め込み教育こそが素晴らしい」と書いたとしても、それを支える根拠を挙げることが困難ですよね。つまり、論理的に説得力のある解答を書くことが難しいのです。世界の動きや日本の教育界の動きは、筆者の主張と同じ動きになっているため、ある程度は賛同して書いたほうが説得力の高い文章が書けそうです。

※ただし、課題文における筆者の主張が明らかに間違っていると考えたときは、反論してもOKです。しかし、そのような課題文が出題されることはほとんどありません。なぜなら、大学入試の課題文には、社会に対する強いメッセージが含まれているため、トンチンカンな主張が書かれた文章が主題されることはないからです。

では、筆者の考えに賛同する方向で書くことを考えてみましょう。

まず、**筆者の文章を完全に真似するのはNG**です。設問で「あなたの意見を論述しなさい」と書いてあるにもかかわらず、筆者の言葉を反復した解答では、自分の意見が全くない小論文と評価されてしまいます。これが課題文のある小論文の一番の落とし穴です。課題文に書いてあることを抜き出しただけの小論文では、高得点は狙えませんので、気をつけましょう。

では、筆者の考えに賛同しつつ、自らの意見を書くにはどうすればよいのでしょうか?

そのときに重要なのが、**「筆者の主張+α」**の考え方です。つまり、筆者の意見をどう発展させればよいのかを考えるのです。特に、この課題文には、**「結局、日本の教育をどう変えたらいいの?」ということに対する具体的な提案がない**ため、その**余白を埋めるような内容が理想的**といえるでしょう。つまり、課題文の中で述べられていないことを、自らの考えとして挙げればよいのです。実は、ほとんどの課題文型小論文では、**設問に沿って筆者が書きそうなことを提案できていれば合格点が取れてしまいます**。

ちなみに、最も簡単に筆者の主張から自らの考えへと発展させる方法は、**筆者の提示したものと別の具体例(根拠)を示す**ことです。極端なことをいえば、**筆者の主張に全面的に賛同したとしても、別の具体例を示すことでオリジナルの意見になる**ということです。

ここで、自らの意見を考えるうえで重要なのが、2日目のテーマ型でも解説したとおり、5W1Hを具体的にして考えることです。今回は、「どうすべきか」という質問であり、「何を」と「どのように」の意味を含んだ非常にざっくりした質問です。そのため、この2点をメインで考えていきましょう。もちろん、「何を(What)」と「どのように(How)」を明確化するためには、「なぜ(Why)」も必要なので、そこも重点的に考えましょう。

そのため次の三つの条件を順に考えて、解答に折り込んでいきましょう。

- WHAT「何を」
- WHY「なぜ」
- HOW「どのように」

◎ WHAT「何を」

まず「何を」に関してはすでに問1でまとめてありますので、特に心配しなくてもよいでしょう。ただし、筆者は「知識が一つ一つの断片としてしか認識されておらず、連なり合って意味を持つものになっていない」という点や「知識を体系化して全体像を把握する能力が養われていない」、「論文や口頭試問では教師の力量が足りないし、評価するものの主観によって評価が左右されて不公平になる」といった問題を指摘しています。そのため、それは具体的にはどういうことなのかを考えてみる必要がありそうです。

◎ WHY「なぜ」

次に「なぜ」を考えてみましょう。「何を」の部分で明らかにした問題の原因や背景を自分なりの視点で考えてみましょう。現在では、AIやロボット産業が発達し、単純作業はAIが代替する時代になってきています。そう考えてみると、筆者の考えに反論する方向で「暗記型学力に賛同する」と書くのは社会背景から考えてみても妥当な主張とはいえません。そのため、そこを出発点として批判をするのも一つの良いアイデアになります。このように、**社会問題と結びつけ、一般常識に照らし合わせた解答で十分合格点が取れる**ので、無理に独創的なアイデアを書く必要はありません。むしろ独創的なアイデアを書くより、**論理的整合性や説得力のほうが重要**なのです。

◎ HOW「どのように」

では、具体的な「どのように（解決するか）」について考えてみましょう。例えば海外では、暗記型教育ではなく、どのような方針で応用型学力を養成しているのかを考えてみるなどすると有意義でしょう。合格答案では「※PISA型学力」に言及しています。このような知識があれば、答案に入れてみると高得点につながります。

※PISA型学力：OECD（経済協力開発機構）が測る学力のことで、単なる学習の理解度ではなく、知識や経験を活用して、実際に直面する課題を自分で積極的に考える能力のこと。

次に、これらをまとめて、解答を作成してみましょう。

合格答案

私は筆者の主張を鑑み、日本でも暗記型教育を脱するべきだと考える。

筆者が問題点として挙げているとおり、現在の知識偏重主義の教育では、評価するものの主観によって評価が左右されず、公平だという主張がある。確かに、○×式や選択式は「客観式」と呼ばれるが、学力の評価が客観的にできるわけではない。そこで測られているのは単なる「暗記力」であり、本質的な「学力」ではないのだ。「学力」とは、記憶力以外の、読解力、表現力、討論力、批判的思考力などを含み、さらには、知的好奇心や意欲、発想力、コミュニケーション力などをも含んだ総合的な力である。ＡＩが発達し、単調な仕事はロボットが代替しつつある現代では、予想外の事態にぶつかったときに、自分で判断し、行動し、問題をよりよく解決する力が必要となる。具体的には、教育課程において、ＰＩＳＡ型学力のようにどれだけ知識を覚えたかではなく、覚えた知識を使って実生活の中で活用する能力を育成することが重要だと考えている。

このように、学力の定義を暗記重視から応用重視に方向転換していくことが重要であり、それとともに教育システムもＰＩＳＡ型に移行することが大切だと考えた。

［494字］

加点ポイント

- **抽象と具体のバランスがよい。**
- **今の時代や情勢を反映していて、わかりやすい。**
- **筆者が言及することができていない適切な具体例を挙げられている。**

この合格答案では、あくまで筆者の主張に沿いつつ、自分なりの具体例を持ち出しています。例えば、人工知能（AI）やPISA型学力などですね。このように、筆者の主張に賛同しながら、具体例によって独自性を出せば高得点を獲得できます。ちなみに、AIに関する小論文は、近年ではよく出題される傾向にあります。単純作業の仕事を奪うということがいわれていますので、ぜひ調べて理解を深めましょう。

不合格答案

筆者は彼自身の経験をもとに、日本の教育は考える力を養うものではなく、断片的な知識を記憶させているだけであると批判している。そのような筆者の主張を踏まえ、日本の教育においては、もっと各科目の内容を知識につなげて教えるべきだと私は考える。その理由としては、現実社会で必要になるのは記憶する能力だけではなく、実際に社会で生じる問題を解決したり、自身で問題を見つけたりする力が必要になると考えるからだ。（→ここはいい内容）そのような力は、事実だけを暗記する教育では決して養うことができないと考える。（→「決して」「絶対に」というのは言い過ぎである）あらゆる問題を解決するには、その問題に関連する事柄を論理的に整理し、正しい要因を把握することが必要不可欠である。すなわち、論理的に物事をとらえる力が必要になる。そのような力を養うためには、授業内でも論理的な考え方を教員が積極的に提示していくべきだと考える。（→同じような内容を繰り返しているだけである）また、生徒は良い評価を得ようと学習を進めるため、評価方法にももっと工夫をこらすべきであると考える。具体的には、論文や口頭試問など、獲得した知識を総動員して自分の考えを他人に伝える機会を作るべきだと考える。（→これは筆者の言葉を抜き出しただけなので、自らの意見ではない）

[465字]

減点ポイント

- **自らの意見がなく、結論も筆者の言葉を繰り返しているだけである。**
- **自分なりの具体例がなく、文章自体が同じような内容の羅列になっている。**
- **「論理的」を中盤で多用しているが、筆者の問題意識はそこではない。問題だと指摘しているのは、知識が断片的に暗記させられていて、その知識同士が結びついていないことである。**

このように、筆者の言葉をそのまま繰り返すだけで、自分なりの意見・具体例

（根拠）を示せていない小論文では、合格点を取ることが難しいでしょう。筆者の主張に対して、「自分ならどんな具体例を出して説明できるか」という力が小論文では求められています。合格答案は、「PISA型学力」や「人工知能やロボット」などの具体例を使用して独自性を出しています。突飛な主張をして独自性を出すのではなく、合格答案のように、時代に沿った具体例で独自性を出すのが良い小論文なのです。

次は、もう少し難しい問題ですが、頑張って取り組んでみましょう。これができたら、難関大の合格は間違いなしのレベルです。

例題②

次の文章を読み、後の問いに答えなさい。　　[90分]

近年ヨーロッパ諸国では、従来の貧困の概念を、より広くとらえ深く掘り下げた「社会的排除」という概念が、社会政策の考え方の主流となりつつある。

従来の貧困の概念は、ただ単に金銭的・物品的な資源（その人が持っているもの）が不足している状況を示したものであった。たとえば、所得が低い、所有物が少ない、大多数の人が楽しむ休暇やレクリエーションが金銭的な理由で楽しむことができない……などの状況を表したものであった。

これに対して「社会的排除」という概念は、資源の不足そのものだけを問題視するのではなく、その資源の不足をきっかけに、徐々に、社会における仕組み（たとえば、社会保険や町内会など）から脱落し、人間関係が希薄になり、社会の一員としての存在価値を奪われていくことを問題視する。社会の中心から、外へ外へと追い出され、社会の周縁に押しやられるという意味で、社会的排除（ソーシャル・エクスクルージョン）という言葉が用いられている。一言で言えば、社会的排除は、人と人、人と社会との「関係」に着目した概念なのである。

しかし、社会的排除や包摂といった言葉は、日本の中ではまだまだ馴染みの薄い言葉であり、その意味についても、私たち研究者の中でさえ他の概念と混同されている状況にある。

特に、上記の一連の社会的排除に対する政策の動きとほとんど同時に、メディアにおいて「孤立」を問題視する報道が続いたこともあり、「社会的排除」は「社会的孤立」と同一に捉えられることが多い。

確かに、社会的孤立は、社会的排除の一つの側面ではあるものの、社会的排除の概念は、ただ単に友人や知人、家族が少ない、あるいはいない、という状況よりも、もっともっと多くのことを語る概念である。

社会的排除とは、どのような状況を指すのか。包摂とは、どのようなことなのか。本章では、この「社会的排除」と「社会的包摂」について、考えていきたい。

包摂される単位は、国家のみではない。会社、労働組合、地域、町内会、家族、そして、さまざまな私的なグループやクラブ。個人行動が苦手な日本人は、「○○会」といったグループを作るのがとかく好きである。同窓会や同期会、趣味のサークル。会社の中では、部や課といった、さらに小さな部署単位に分けられ、その中で結束を高めていく。こうして、私たちは、幾重にもいくつもの小さい社会に包摂されながら生きている。

重要なのは、このような幾重もの「小さな社会」が、ただ単に生活を保障したり、いざというときのセーフティネットの機能を持っていたりするだけではない点にある。

これらの「小さな社会」は、人が他者とつながり、お互いの存在価値を認め、そこに居るのが当然であると認められた場所なのである。これが「包摂されること」である。

社会に包摂されることは、衣食住やその他もろもろの生活水準の保障のためだけに大切なのではなく、包摂されること自体が人間にとって非常に重要なのである。

このような議論は、「十分な食事をとることができない」とか、「来月の家賃が払えない」とか、「子どもに教育を受けさせてやることができない」とかいう赤裸々な貧困の議論に比べて、一歩引いた感触を持たれる読者の方もいらっしゃるかもしれない。

しかし、貧困の議論と社会的排除は、同等に欠かせない視点であり、どちらかが満たされればよいといったようなものではない。貧困の議論があまりにも「明確」であるため、それに対して社会的排除の議論はぼやけて感じられるが、社会的包摂の観点がない貧困政策は愚策である。人を飢えないように、凍えないように、それなりの物質的・金銭的な生活水準を保てる生活を保障していても、それが、その人の社会とつながる機会を奪い、彼/彼女が自分の存在価値を発揮できる機会を与えず、ただ社会のお荷物として生きるだけを強いる政策であったら、そのような政策は意味を持たない。それが、ヨーロッパ諸国における社会政策の反省点であり、ヨーロッパにおいて貧困政策が社会的包摂政策に変容してきた理由なのである。…（中略）…

社会的包摂政策をいち早く打ち出したEU諸国において、社会的包摂を促す政策の最大の柱は雇用政策である。なぜなら、EU諸国では、現代社会において、個人が他者とつながり、自分の価値を発揮する最たる手段が就労だと理解されているからである。

働くことというのは、ただ単に賃金をもらうための手段というだけではない。働くことによって、人は社会から存在意義を認められ、「役割」が与えられる。働くことは、社会から「承認」されることなのである。…（中略）…

問題は、「役割」を提供してきたもっとも大きなメカニズムである労働市場の中で、与えられる「役割」の質が下がってきていることにある。簡単に言えば、雇用の劣化が起こっているのである。

非正規雇用の拡大は、ワーキングプア（働いていながらも、貧困基準以下の収入しか得られない人々）の増加を促し、彼らの生活を危機的な状況にしているという問題意識で語られることが多いが、同様に問題なのは、それらの就労が、人々がそこから自分の存在価値を見出し、自分の「役割」「出番」として自負できるようなものではないことである。…（中略）…

社会的排除が極限まで達したとき、人は「場所」からも排除される。社会の中で、自分のいる「場所」がないということは、どのようなことなのだろうか。

「居場所」というものは、人にとって、どれほど、かけがえのないものだろうか。

私たちは、みな、自宅であったり、会社の自分の机であったりと、何らかの「居場所」を持っている。そこに自分がいることが当然であり、周りもそう認めている場所がある。

人によっては、行きつけの店や、趣味やボランティア活動の事務所などの「居場所」を持つ人もいるであろう。そういう「居場所」を持つことが、私たちにとって、いかに重要なことなのか。…（中略）…

「居場所」がないこと、安心して休める場所がないこと、「そこにいてもよい」と社会から認められている場所がないこと。「居場所」は、単に雨や風をしのげるといった物理的な意味だけで重要なのではない。「居場所」は、社会の中での存在が認められることを示す第一歩なのである。社会を学校の教室にたとえれば、そこに、自分の「机と椅子」がある。それと同じことである。…（中略）…

社会的排除の萌芽は誰でも抱えている。会社や家族といった「包摂」のサークルは、意外と脆(もろ)い。おカネに困ったとき、病気になったとき、東日本大震災のような災害にあったときなど、本当に必要なときに、手を差し伸べてくれる人を、私たちは、どれほど持っているであろうか。

持っていたとしても、差し伸べられた手は「会社」や「学校」、そして「家族」など、あるグループに属しているというメンバーシップを前提としているのではないだろうか。

（鳥取大学［地域］後期入試・改）

（出典：阿部彩著「弱者の居場所がない社会―貧困・格差と社会的包摂」講談社、2011年、93～121ページ。設問の都合上、見出しは省略した。）

問1：「社会的包摂」とはどのような考え方や取り組みであるのか、簡潔に要約しなさい。（200字以内）

問2：現代社会では、経済的格差や社会的孤立の広がりの中で、様々な形で社会的に排除された人々が生み出されている。そこで、地域社会において実際に生じている社会的排除の事例をひとつ取り上げるとともに、その問題の克服に向けて求められる社会的包摂のあり方について論じなさい。（400字以内）

問1の解説

では、**問1**の設問文を確認してみましょう。

「社会的包摂」とはどのような考え方や取り組みであるのか、簡潔に要約しなさい。（200字以内）

要約の問題なので、4日目で学習したやり方にしたがって、しっかり要約していきましょう。

まず、この文章には、二つの重要キーワードが出てきました。

- 社会的排除＝社会の一員としての存在価値を奪われていくこと。
- 社会的包摂＝社会の中での自らの存在が認められること。

対比されている二つの概念を含めて書きたいところですが、指定字数が200字と少ないので、

- 社会的包摂とは何か、どんな考えなのか。
- 社会的包摂の取り組みとしては、どんなものがあるか。

をまとめていくだけで精一杯となります。この文章では、社会的排除と社会的包摂が対比されて書かれているので、社会的排除の逆を書けば正解となり、高得点を取るのは難しくないと思います。

合格答案

社会的包摂とは、人と人や人や社会のつながりを作り出し、その人の存在価値を認めるという考え方である。これは、金銭的な保障やそれによるセーフティネットの構築という役割だけを考慮するものではない。仮に金銭的な保障があったとしても、社会とつながる機会や自分の価値を発揮できる機会がなければ社会的に包摂されているとはいえない。他者とのつながりによって、人に社会的な居場所を提供しようとする考えが、社会的包摂だ。

［200字］

問２の解説

では、問2の解説に入ります。設問をもう一度確認しましょう。

現代社会では、経済的格差や社会的孤立の広がりの中で、さまざまな形で社会的に排除された人々が生み出されている。そこで、地域社会において実際に生じている社会的排除の事例を一つ取り上げると共に、その問題の克服に向けて求められる社会的包摂のあり方について論じなさい。

（400字以内）

これまでと同様、設問を分解すると、

1 地域社会において実際に生じている社会的排除の事例を一つ取り上げる。
2 その問題の克服に向けて求められる社会的包摂のあり方について論じる。

の2点が必要だとわかります。

では、まずは**1**について取り組んでいきましょう。

まずは社会的排除の事例を一つ取り上げる必要があります。そこで、さまざまな社会問題が考えられますが、本文中には次のように書いてあることに注目して、取り上げるべき事例を選定します。

「社会的排除」という概念は、資源の不足そのものだけを問題視するのではなく、その資源の不足をきっかけに、徐々に、社会における仕組み（たとえば、社会保険や町内会など）から脱落し、人間関係が希薄になり、社会の一員としての存在価値を奪われていくことを問題視する。

このように書いてあるので、単なる貧困などを問題の一つとして取り上げることはできません。そうではなく、コミュニティから脱落し、孤立の道を歩んでいっ

てしまうことに対して筆者は問題意識を持っていることを踏まえて考えましょう。

では、設問の設定である「地域社会において実際に生じている社会的排除の事例」をいくつか挙げてみます。その中で、自らの書けそうなものを書いていくとよいでしょう。

▼地域社会において実際に生じている社会的排除の事例

①差別（部落、人種、宗教、ジェンダーなど）
②障がい者の排除
③高齢者の孤立
④ホームレスの排除
⑤過疎地域におけるコミュニティの減少
⑥一人親世帯の社会的孤立
⑦伝統的地域のつながりからの排除
⑧子どもの貧困による排除
⑨引きこもり、ニートの社会的孤立
⑩外国人労働者の排除

このように、多くの事例を挙げられたので、このトピックの中で適切な事例を選んでいきましょう。

ここで重要なのが、3日目に書いた手法を使用して選ぶことです。ここで再掲しますので、思い出しておきましょう。

- 本文と一致しているか。
- 設問と一致しているか。
- 社会問題として重要なものか。
- 自分が書きやすい内容か。

では、これらの条件を考慮して、適切なトピックで論述していきましょう。

ここでは、①～⑩までのトピックは、まさに現在生じている事例ですので、どれも適切なトピックといえますね。ただ、解決策が書きやすいことが大切なので、自らの書きやすいトピックを挙げられるとよいでしょう。

では、適切なトピックを取り上げられたら、設問の続きである**2**の「その問題の克服に向けて求められる社会的包摂のあり方について論じる。」について考えていきましょう。

前にも記述しましたが、社会問題を取り上げるときは、その原因を分析し、解決策を考えることが非常に重要です。基本的に社会問題に関する問題というのは、設問に解決策を求める問題が多いからです。今回も「その問題の克服に向けて求められる社会的包摂のあり方について論じなさい」と明確に書いてあるので、問題の解決に向けた社会的包摂のあり方を記述する必要があります。つまり、3日目で演習した問題解決型小論文と同じ解き方となります。では、書きやすいトピックに絞って、解決策を挙げてみましょう。

①差別（部落、人種、宗教、ジェンダーなど）
→教育によって人権意識を高めることで解消を目指す。
②障がい者の排除
→障がい者雇用のさらなる増加などによる社会的な包摂を目指す。
③高齢者の孤立
→地域のコミュニティの中で居場所を作る。
④ホームレスの排除
→国家として一時的に住宅を提供する。働く場を提供する。
⑤過疎地域におけるコミュニティの減少
→東京一極集中の是正により地方分散型社会を実現する。
⑥一人親世帯の社会的孤立
→一人親世帯には補助金などで支援することによって、社会的に排除されないようにする。
（以下、割愛）

では、思いつくことができた解決策を小論文に取り入れて書き進めていきましょう。

合格答案

地域社会において実際に生じている社会的排除の事例として、高齢者の孤立が挙げられる。定年退職後、会社という「居場所」をなくした高齢者のうち、特に単身世帯の者は社会との関係が希薄になる傾向がある。

この問題が生じる背景として、日本における構造的な要因が存在する。具体的には、核家族化や、地方の過疎化の進行も高齢者の社会的排除を後押ししている。これにより、定年後、未婚もしくは配偶者と死別・離別した高齢者は所属する場所を失い、最悪の場合は孤独死に陥るケースも存在する。

この問題を克服するために、世代を超えた社会的コミュニティを地域で作り上げていくべきであると私は考える。例えば、地域のボランティア活動などに参加することを通して、高齢者はより社会の一員であるという実感を持つことができるだろう。また、ボランティアによる見守りなどのセーフティネットの強化も、高齢者の社会的孤立を防ぐために有効な手段だろう。

[397字]

加点ポイント

- **高齢者の孤立は、地域社会において実際に生じている社会的排除の事例であるため、妥当な例を挙げている。**
- **高齢者の社会的排除に関する背景に言及していて、かつそれが妥当。**
- **高齢者の孤立に対する解決策として、現実的であり妥当である。**

今回の問題は、課題文型の問題の中でも、問題解決型に近い小論文の問題でした。ここでは、2日目と3日目のようなテーマ型の問題では解説しきれなかった解答テクニックを学ぶことができたと思います。ただ、解答を見てみると、単に設問に愚直に答えているだけですよね。このように、根拠や具体例を出して設問に素直に答えるだけで、小論文において高得点が取れます。究極の小論文のテクニックとは、設問に正しく答えることなのです。

不合格答案

現代社会の中で、社会的に排除されている人は多く存在する。その中でも、貧困層に生まれてきた子どもの社会的排除は年々激化している。具体的には、学歴が求められる現代社会の中で貧困層である子どもは、十分な教育を受けられる環境を与えられない。そして、大人になっても高学歴でないことから十分な収入がもらえず貧困層になるという負のループが存在しているのだ。実際、親が大卒であると子の大学進学率は高くなる。しかし、親が中卒の子だと非常に少ない。

そこで、この問題是正のためには子ども支援会などのボランティア団体などの子どもを包摂する場所を充実させる必要があると考える。具体的には、貧困層の子どもが富裕層の子どもと同様の教育を受けられる場所を作るということだ。

→少し現実性に欠ける

このようにして、貧困層の子どもが富裕層の子どもと格差がなく平等な教育を受けて充分な学歴を得られるようになることで、負のループが是正されると考える。

[394字]

→結局、教育格差の話になってしまい、社会的包摂が関係なくなっている

減点ポイント

- **本文には、「貧困の概念は…資源の不足そのものだけを問題視するのではなく」と書いてあるが、この文章では貧困による教育格差が書いてあり、本文の社会的排除とズレる。**
- **「貧困層の子どもが富裕層の子どもと同様の教育を受けられる場所を作る」という解決策に現実性がない。**
- **結論が教育格差の話になっていて、社会的包摂が関係なくなっている。**

筆者は、社会的排除とは「社会における仕組みから脱落し、人間関係が希薄になり、社会の一員としての存在価値を奪われていくこと」と定義しています。そう考えると、この解答例で取り上げている教育格差は、「人間関係の希薄」や「社会の一員としての存在価値を奪われていく」こととは少しズレてしまいます。やはり、地域のコミュニティなどが前提になる内容が、この小論文における高得点獲得には欠かせません。

6日目

グラフや資料がある小論文

グラフや資料を読み解き、
解答に反映させる小論文について学びます。
グラフや資料のどこに着眼すればいいか、
コツをつかむ練習をしていきます。

資料読解型小論文

6日目からは、資料読解型小論文の解説をしていきます。

近年では、データを読み取る力が重視される傾向があるため、グラフやアンケートなどの調査結果を読み取る問題が出題されることも増えてきました。資料型小論文には苦手意識を持ってしまう受験生もたくさんいますが、過度に難しいということはありません。むしろ、表やグラフというヒントがあるので実はそれほど難しくないのです。それは慶應義塾大学のような難関大学でも同じです。

まず、資料読解型小論文で最も重要なのは、グラフそのものの読み取りです。グラフの読み取りのやり方を端的に説明すると、次のようになります。

> 表やグラフが表している傾向を的確につかみ、現状を分析する。加えてそのような傾向を生み出した社会的背景を見抜く。

ただ、これだけでは具体的に何をすればよいかわからないかと思いますので、資料を読解するための具体的なコツについて解説していきます。

資料を読解するための5つのステップ

Step 1：数値/単位を必ずチェックする
Step 2：全体的な傾向を把握する
Step 3：特徴的な（例外的な）部分を見つける
Step 4：表やグラフの背景にある事象を見抜く
Step 5：複数資料の場合、その組み合わせで何がいえるかを考える

次のページからは、上記のステップについて具体的に説明します。

Step 1: 数値/単位を必ずチェックする

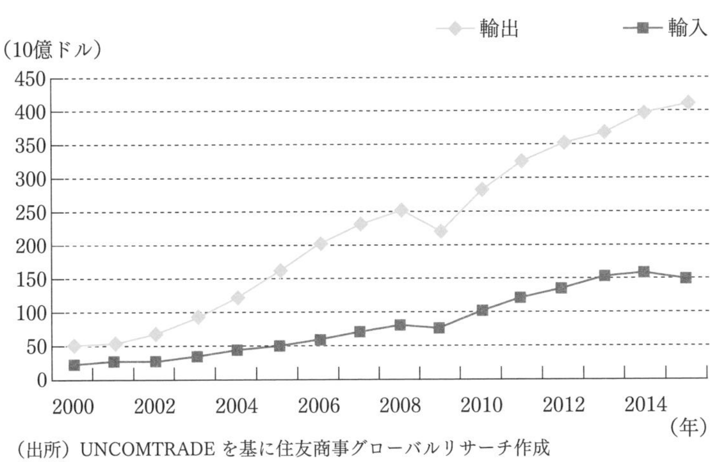

(出所) UNCOMTRADE を基に住友商事グローバルリサーチ作成
出典：住友商事グローバルリサーチ

グラフや資料を読み取るときは、まずは数字と単位をチェックしましょう。例えば、単位の「お金」のところを「人数」と誤解してしまうと、設問の誤解につながります。今回のグラフでは、縦軸が「お金」で横軸が「年代」であることをしっかりおさえましょう。

Step 2：全体的な傾向を把握する

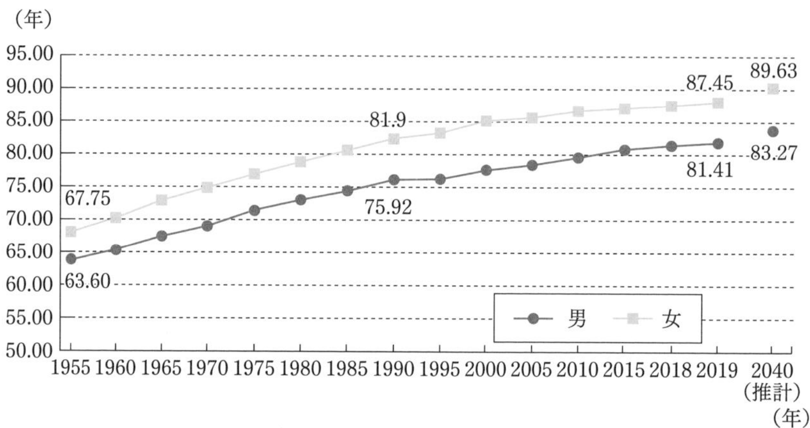

資料：2019年までは厚生労働省政策統括官付参事官付人口動態・保健社会統計室「令和元年簡易生命表」、2040年は国立社会保障・人口問題研究所「日本の将来推計人口（平成29年推計）」における出生中位・死亡中位推計。

グラフを分析するときは、細かい部分には着目せず、全体的な傾向に着目するという見方もあります。例えば、このグラフを見ると、男女差はあるものの、全体的には平均寿命が延びていることがわかるので、「日本人の平均寿命が延びている」ととらえることができます。

Step 3：特徴的な（例外的な）部分を見つける

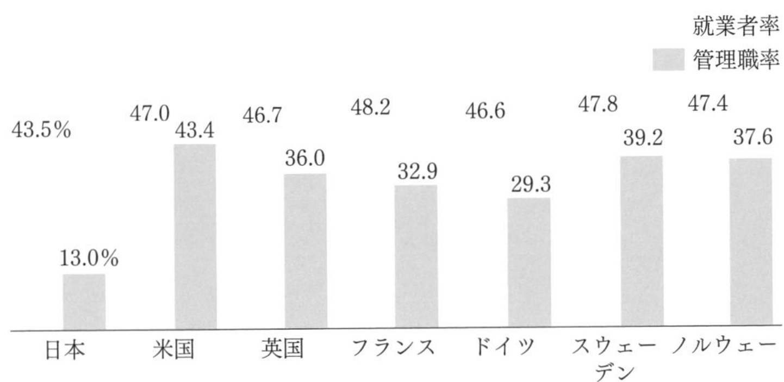

※日本は総務省「労働力調査」、他国は国際労働機関「ILOSTAT」より作成。
米国は2013年、その他の国は2016年の値。

こちらのグラフを見て、どのようなことを考えるでしょうか？　このグラフからわかることはどんなことでしょうか？　そう、日本の女性の管理職率の低さですね。このように、グラフの中で特徴的な（例外となる）ポイントに注目しましょう。大学入試で出題されるグラフには、必ずメッセージがありますので、それを読み取ることが大切です。

Step 4：表やグラフの背景にある事象を見抜く

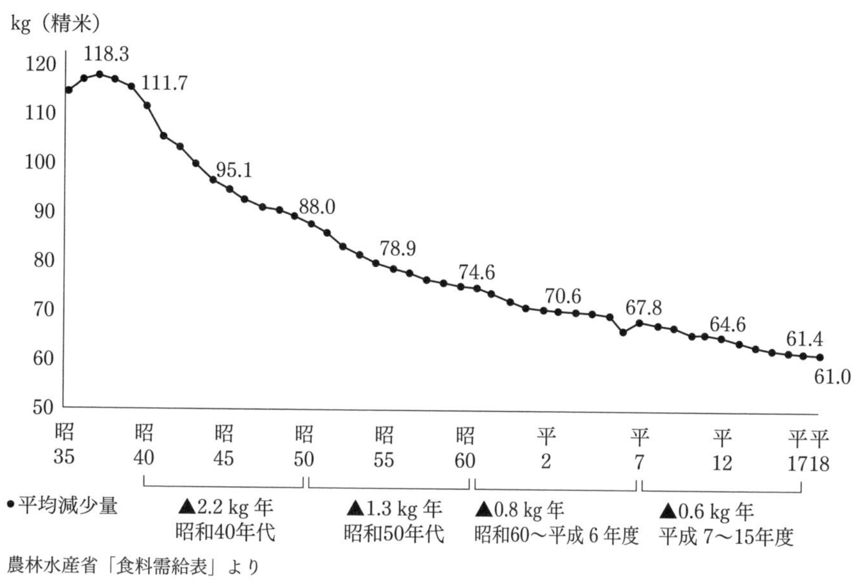

農林水産省「食料需給表」より

こちらの資料を見ると、「米の消費量が減っている」ということは誰にでもわかります。ここで考えるべきは、その背景にどのような事象が隠されているかということです。米の消費が減った分、日本人が何を食べるようになったか考えてみましょう。この場合、パン食などの「食の洋風化」が背景にあることが考えられます。このように、グラフには直接示されていない背景を見抜くことが大切です。

Step 5：複数資料の場合、その組み合わせで何がいえるかを考える

図1:日本の世帯数の推移

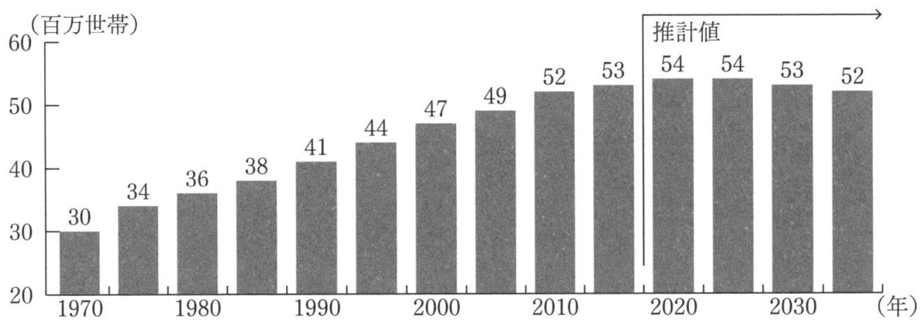

(注) 2020年以降は国立社会保障・人口問題研究所の推計値。
(資料) 国立社会保障・人口問題研究所「人口統計資料集(2018年)」、「日本の世帯数の将来推計(全国推計)」(2018年推計) より。みずほ総合研究所作成。

図2:一世帯あたりの平均世帯人数の推移

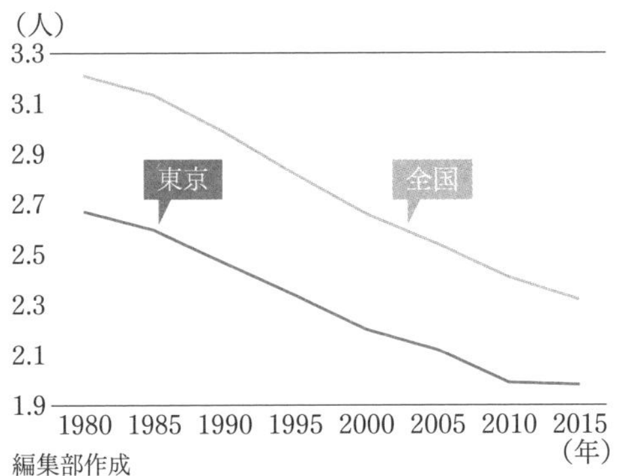

編集部作成

このように、複数の資料が提示された場合は、資料を組み合わせてどのようなことが見えてくるのかを考えてみましょう。**図1**からは「日本の世帯数が増加していること」、**図2**からは「平均世帯人数が減少していること(全国的にも、首都の東京でも)」が読み取れます。この2点を組み合わせると「単身世帯や核家族の家庭が増えている」と考えられますね。複数の資料を組み合わせると新たな発見がありますので、資料問題にはさまざまな視点を持って取り組んでみることが大切です。

資料が一つの問題

ここからは、実際に問題演習をしていきます。次の問題は、実際に慶應義塾大学で出題された問題です。慶應の問題と聞くと、なんだか難しそうと思うかもしれませんが、実はそれほど難しい問題ではありません。資料問題はコツをつかめば、テーマ型小論文よりも簡単です。

では、時間制限60分で下の問題を解いてみましょう。

例題 1

このグラフは、日本・韓国・スウェーデン・フランスなどの「女性の年齢階級別労働力率」の図表である。この資料から読み取れる日本における子育ての特徴を論じ、その要因を推察しなさい。(400字以内)

(慶應義塾大学 FIT 入試 B 方式 2014 年総合考査・改)

主要国における女性の年齢階級別労働力率

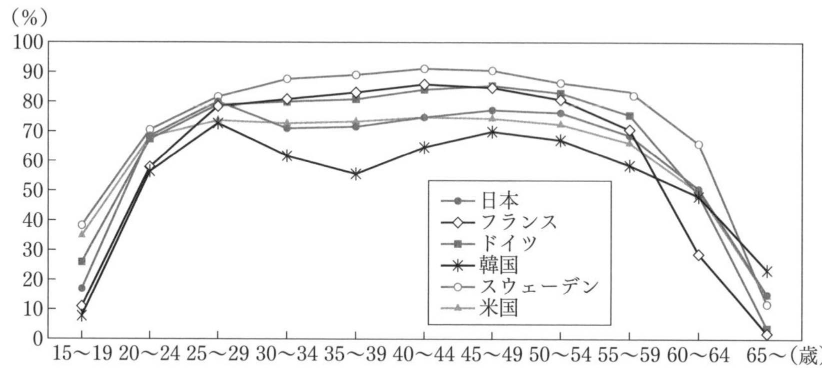

(備考) 1. 日本は総務省「労働力調査(基本集計)」(平成27年)、その他の国はILO“ILOSTAT”より作成。
2. 労働力率は、「労働力人口(就業者+完全失業者)」/「15 歳以上人口」× 100。
3. 日本、フランス、韓国及び米国は 2015(平成27)年値、その他の国は 2014(平成26)年値。
4. 米国の 15〜19歳の値は、16〜19歳の値。

出典:内閣府男女平等参画局より。主要国における女性の年齢階級別労働力率。

初めての資料読解の小論文はいかがでしたか？　少し難しかったかと思いますが、最初に説明したステップを用いて、解説していきますね。

Step 1：数値/単位を必ずチェックする

まず最初に、数値と単位を確認しましょう。横軸は年齢を示しており、縦軸は労働力率を表しています。ここで前提として、

労働力率＝労働力人口（就業者＋完全失業者）/ 15歳以上人口 × 100

を指していることを備考から確認しましょう。

大まかにいうと、「**働ける人の中で、実際に働いている人の割合**」ですね。

Step 2：全体的な傾向を把握する / Step 3：特徴的な（例外的な）部分を見つける

次に全体的な傾向と、例外的な特徴を同時に確認してみましょう。

このグラフを見ると、フランス、ドイツ、スウェーデン、米国の女性は、20歳から60歳くらいまでの労働力率は大きく変化することはなく、基本的に高い水準を保っていることが読み取れます。

しかし、例外として韓国と日本だけグラフの形が少し異なることに気づいたでしょうか。具体的にいえば、25～29歳が最も労働力率が大きく、30歳以上になると労働力率が約10%減少しています。その後、40歳前後から徐々に増加していきますが、他国と比べてその割合は低いままです。なぜ、このようなことになっているのかというと、その大きな理由に、結婚、そして出産、育児による女性の離職があるからです。

Step 4：表やグラフの背景にある事象を見抜く

Step 1～3の確認を終えたら、この資料の特徴には、どのような背景が隠されているかについて考えてみましょう。

日本、および韓国の労働力率が低下する傾向には、複数の要因が考えられます。最も大きいものは、**就業と子育ての両立ができていない**ことでしょう。正社員としての就業は、保育所や子どもが病気になったときの看護体制が整って

いない企業もあるため、時間の融通が利かない場合も多いです。加えて、職場に育児を支援する制度が存在しない企業があることも要因として考えられます。育児をしながらの就労が難しい環境下では、結婚や出産をきっかけに退職をせざるを得ません。近年では、長時間労働を強いる会社として「ブラック企業」という言葉が浸透していますが、まさにそんな企業では、出産・育児をしながら勤務を継続することなど不可能でしょう。

また、日本ではかつて多くの職場で「寿(ことぶき)退社」という慣習があったこともこうした傾向の原因の一端かもしれません。寿退社とは、結婚にともない、会社を辞めるという意味です。結婚後は、妊娠・出産など、ライフイベントがあるからこそ、退社して家事・育児に専念する、という女性が多かったことから生まれた言葉です。良くも悪くも「育児は女性がするもの」という慣習は、いまだに日本で残っているといえるのかもしれませんね。

このように、社会的・文化的な要因から、出産や育児をきっかけに女性の就業率が下がっているといえるでしょう。

では、次に設問に答えていきましょう。設問は次のようになります。

この資料から読み取れる日本における子育ての特徴を論じ、その要因を推察しなさい。

設問を分解してみると、以下のようになります。

1 資料から読み取れる日本における子育ての特徴を論じる。
2 **1**で述べた特徴の要因を推察する。

では、**1**から考えていきましょう。

1　資料から読み取れる日本における子育ての特徴を論じる

設問には「日本における」とあるので、日本と同じ特徴を持っていた韓国の話は述べなくてもよいでしょう。

ここでは、日本の子育ての特徴を中心に論じていく必要があります。前ページの**Step 4**で述べた「就業と子育ての両立ができていない」がこの日本の特徴ですね。

2　1で述べた特徴の要因を推察する

では、どのような要因で「就業と子育ての両立ができていない」が起こっているのかを分析していきましょう。P.143の「**Step 4** グラフの背景にある事象を見抜く」のところですでに説明してしまっていますので、設問に答えるため、重要な部分だけ抽出して話します。「就業と子育ての両立ができていない」理由として、社会的・慣習的要因を解決策と共に提示します。

【社会的要因】

- 男性の育休取得率が低く、女性が育児をしなければならないことが多い。
- 託児所を設けていない、また時間の融通が利かない会社がある。
- 長時間労働を強いる会社がある。
- 待機児童問題によって、保育所に子どもを預けられない家庭があるため、母親が育児をしなければならないことがある。

【慣習的要因】

- 「寿退社」という文化によって、「結婚して退職することがよいこと」という風潮があった。
- 「女性が育児をするもの」という風潮がある。

【解決策】

- 育児休業制度のさらなる整備と取得の推進。
- 在宅勤務やリモートワークの積極的な導入。
- 時短勤務やフレックスタイム制の導入。

このように、子育てと就業の両立のためには、柔軟な働き方の推進が必要となってくることがわかります。

では、次のページからは、合格答案を見ていきましょう。

合格答案

資料より読み取れる日本における子育ての大きな特徴は、出産後継続就業率が他国に比べて低いことである。具体的には、30～39歳の女性の労働力率が、25～29歳の労働力率と比べて約10%減少している。つまり、労働を離れ子育てに専念する女性が他国に比べて多いと理解できる。そして40歳前後から女性の労働力率は少し増加するが、依然として日本の労働力率は低いままである。

この特徴の要因としては、女性が就業と子育ての両立がしづらい環境が挙げられる。男女雇用機会均等法や育児・介護休業法などの法整備は行われているが、育休取得率は女性が80%以上なのに対し男性は10%前後にとどまり、依然として不十分であるといえる。また時短勤務やフレックスタイム制を導入していない企業もまだあり、妊娠・出産を機に退職している女性もまだいる。このように就業と子育ての両立が困難な環境が、女性の労働力率を低下させている。

[391字]

加点ポイント

- **冒頭で、設問で求められている日本における子育ての特徴について説明できている。**
- **日本の子育ての特徴の要因となることを具体的な状況や数値を挙げて言及している。**

このように、資料読解型問題は、グラフで表されている特徴を把握してしっかり言語化していくことが大切です。資料を通して「出題者はどんな答えを求めているのか」を考えていきましょう。そう考えると、おのずと社会問題とつながっていることが多く、答えが出てくることが多いものです。今回であれば、「日本の女性にもっと社会進出してほしい」というメッセージが考えられるでしょう。

ちなみに、合格答案のように適切な具体例を取り上げることができれば、合格点は間違いないでしょう。グラフで表していることを設問に沿って答えれば合格できますが、なおかつここまで具体的に書ければすばらしいでしょう。

不合格答案

資料より、日本はアメリカと同じくらい女性の就業率が高いことがわかる。日本は、30代で一時期就業率が下がっているが、アメリカくらいの水準に下がっただけなので特に問題はない。韓国は非常に女性の就業率が低いため、女性に対する待遇が悪い国であることがわかる。

→日本が下がっていることを問題として指摘してほしい

→これは設問で聞いていない

日本の傾向の背景には、慣習的に「結婚したら専業主婦になることが女性の幸福」と思っている人が多いからである。私も、結婚したらつらい仕事はやめて専業主婦になりたい。夫の高収入に頼って暮らすのが女性の幸福である。やはり、労働はつらい。ブラック企業が多いので、専業主婦になりたい人が多いのではないだろうか。自分で働くよりも、高収入の男性と結婚した方が幸福もお金も得られるだろう。このグラフのように、仕事を20代で辞めた女性は夫の収入に頼れる勝ち組なので、すばらしいことだと考えた。

→個人的な意向は設問で聞いていないし、主観すぎる

→労働が辛いという意見は主観のため減点となる。また、「ブラック企業が多い」と断定するのも言いすぎ

→完全に関係ない議論になっている

[361字]

減点ポイント

- **ほとんど必要ない他国の状況が入っている。**
- **「日本の傾向の背景には、慣習的に『結婚したら専業主婦になることが女性の幸福』と思っている人が多いからである」というのは、それだけが女性の労働力率が低くなっている要因ではない。**
- **途中から自分の意向、価値観の話になっており、設問で聞かれていないことに多くの字数を割いている。**

この答案は、実際に生徒が書いたものですが、これでは合格は難しいでしょう。確かに「高収入の男性と結婚したほうが仕事をしなくて楽」と考える女性もいるのは理解できますし、それに関しては人の生き方に関わる部分ですので否定しません。ただし、「夫に頼らずに働きたい」と考えている女性もいるわけです。このように、主観が強く表れた小論文とならないように注意しましょう。常に大学側は「社会の何らかの問題」に関わる形で問題を作成しているので、（合格答案のように）社会問題とからめて書く必要があります。

解説動画はこちらから▶動画6

複数資料の問題

ここからは、複数の資料のある小論文問題を解いていきましょう。そこで、まずは例題として、以下の問題を60分で解いてみましょう。

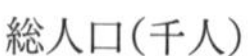

例題 2

これらの資料から読み取ることができる現象とその問題点を整理して、600字以内でまとめなさい。 [60分]

資料① 年齢区分別将来人口推計

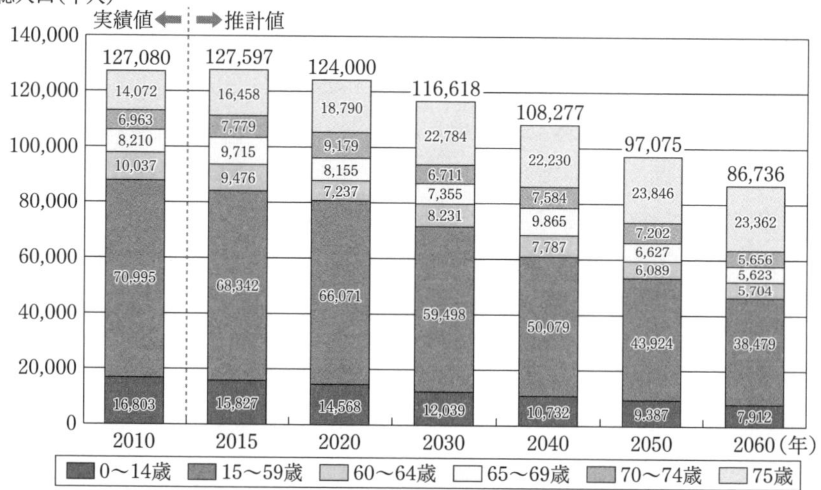

資料：2010年は総務省「国勢調査」、2015年以降は国立社会保障・人口問題研究所「日本の将来推計人口（平成24年1月推計）」の出生中位・死亡中位仮定による推計結果。
(注) 2010年の総数は年齢不詳を含む。

総務省統計局『国勢調査』・『人口推計』および国立社会保障・人口問題研究所『日本の将来推計人口(平成24年1月推計)：出生中位・死亡中位推計』をもとに作成した「日本の人口推移」(1950年～2060年)の図表、および厚生労働省『社会保障費用統計』をもとに作成した「社会保障給付費の部門別推移」(1965年～2010年) の図表。

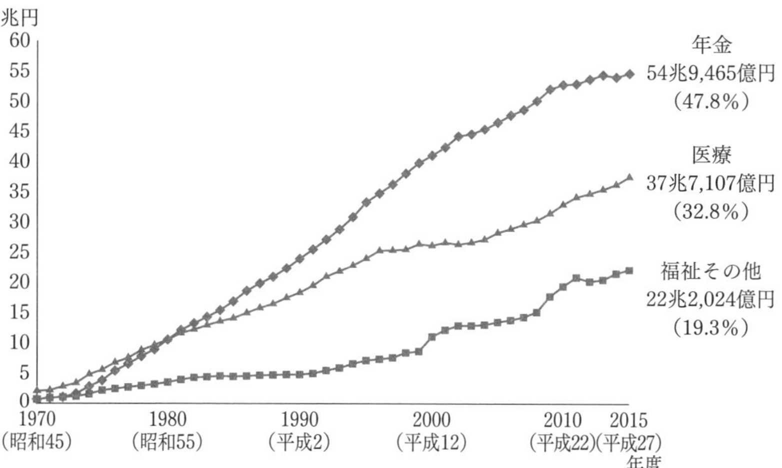

厚生労働省『社会保障費用統計』をもとに作成した「社会保障給付費の部門別推移」の図表。

（慶應義塾大学 FIT B方式・改）

二つのグラフの問題を演習してみて、いかがでしたか？

少し難しかったかもしれませんが、グラフの解説からしていきます。

▼資料①の解説

まず、一つ目の資料は棒グラフです。横軸は西暦を示し、5年ごと（2020年以降は10年ごと）に一つの棒グラフが立っています。一方、縦軸は日本の人口を表しており、年齢ごとに区分されています。なお、2015年以降の数値は推計されたものですね。

では、このグラフからいえるのはどのようなことでしょうか？　主に3点あるので、解説していきます。

> ①全体的な傾向をとらえて総人口に着目すると、2010年から2060年にかけて、約1億3000万人から約8700万人へと半減していることがわかる。ここから、人口減少が見込まれることが読み取れる。

②全体的な傾向以外では、75歳以上の後期高齢者の人口が倍増していることである。2010年時点では約1400万人であるのに対し、2060年には約2300万人になることが予想される。

③②の現象と並行して、64歳以下の人口が激減している。2010年から2060年にかけて、64歳以下の人口はおおよそ半減することが見込まれていることがわかる。

①～③をまとめると、これらから理解できる事象は、少子高齢化ですね。生産年齢人口と総人口が減少しているのに対し、高齢者の人口は増加していると読み取ることができました。

▼資料②の解説

では、次に二つ目の資料について解説していきます。

①横軸は年度を示しており、縦軸は社会保障給付費の額を表している。

②まず、社会保障給付費の総額が増加傾向にあることが読み取れる。1970年は5兆円にも満たなかった社会保障給付費が、2015年には合計110兆円以上にまで増加している。

③とりわけ著しく増加している部門は、年金である。1970年から2015年の45年間で、数十倍以上になっていることがわかる。

④この資料からわかるのは、少子高齢化の深刻化により社会保障給付費が拡大しているということである。とりわけ年金は高齢者に対しての支出であり、福祉や医療も比率でいえば高齢者への支出の割合は大きくなる。このように、このグラフからは、高齢者への国家的な支出が増加していることがいえる。

このようにそれぞれの資料から読み取れることをおさえたら、設問の設定に合わせて、情報を取捨選択しつつ小論文を作成していきましょう。なお、資料から読解するポイントは、設問にしっかり書かれていることが多いです。設問とは関係ない特徴に気づいたとしても、設問で問われていなければ、書く必要はありません。資料読解の問題であっても「設問に答える」という姿勢は崩さないように解答しましょう。設問は、次のとおりです。

これらの資料から読み取ることができる現象とその問題点を整理して、600字以内でまとめなさい。

では、解答してみましょう。

設問を見てみると、以下の2点が問われていることがわかります。

1 資料から読み取ることができる現象を整理する。
2 資料から読み取ることができる問題点を整理して、600字以内でまとめる。

個々のグラフについてはすでに詳しく解説しましたので、それに従って解答していきましょう。

1　資料から読み取ることができる現象を整理する

では、2点の資料から読み取れる現象とはどんなことでしょうか？　一つ目のグラフからは、「人口減少」や「高齢者の増加」なども読み取れますが、一言でまとめるならば、それらの概念を包括した概念である「**少子高齢化**」を記述するのがよいでしょう。

二つ目のグラフから読み取れることは、年金や医療などの社会保障費の部門別の増大なので、まとめて「**社会保障費の増加**」といってよいでしょう。

2 資料から読み取ることができる問題点を整理して、600字以内でまとめる

では、次に資料から読み取ることができる問題点を整理してみましょう。ここで大事なのは、「二つの資料から読み取れる現象を組み合わせると、どのような問題点が浮かび上がってくるのか」ということです。つまり、「少子高齢化」と「社会保障費の増加」を組み合わせたらどのような問題が生じるのかを考えてみましょう。

社会保障費というのは、先述したとおり、高齢者のための支出となっているものが多いです。言い換えれば、高齢者への支出の増加と同時進行で少子高齢化が起こっている、ということです。

そう考えてみれば、問題点としても主に二つのことが生じていることがわかります。一つは現役世代への税負担の増加、もう一つは世代間格差の拡大です。

前者については、年金や医療費という高齢者への社会保障給付費が年々増加する一方で、働いている人の数（生産年齢人口）が減少しているので、結果的に若者への税負担が増加するということです。

後者については、税負担の増加により、世代間格差も拡大しているということです。世代間格差とは、生涯に政府や自治体から受ける社会保障給付費やサービスが、世代によって異なることから生じる格差を指しており、近年問題視されています。まさに、現役世代から徴収した税収を、高齢者の年金や医療費に使用される現状が、現在日本で生じている世代間格差といえるでしょう。そのような世代間格差によって、若者の貧困化が顕著になっているといわれています。

では、これらのことをまとめて解答を書いていきましょう。

問2 合格答案

二つの資料からは、少子高齢化とそれに伴う社会保障費の増加が読み取れる。そして、現役世代の税負担の増加と世代間格差の拡大という二つの問題点が見えてくる。

→設問の設定である「資料から読み取ることができる現象」をしっかり書けている

→設問の「資料から読み取ることができる問題点」を書けている

まず資料①より、三つの現象が読み取れる。一つ目は、少子高齢化が深刻化し、全体の人口が減少している点だ。二つ目は、15歳以上65歳未満の生産活動の中心層である、生産年齢人口の割合が減少していることである。そして最後は、全体に占める高齢者の割合が大幅に増加している点だ。

次に資料②より、1970年から2015年にかけて社会保障給付費が大幅に増加していることがわかる。中でも、とりわけ年金や医療費という高齢者への支出が増加している。

これらの現象から、若者世代への税負担の増加という問題点が考えられる。20代の給与水準は、ここ20年間ほぼ横ばいである。その一方で、税金は毎年引き上げられており、今後も上昇し続けることが予想される。よって、若者の税負担は年々増加するのである。

また、世代間格差も問題視されている。世代間格差とは、生涯に政府や自治体から受ける社会保障給付金やサービスが、世代によって異なることを意味する。すなわち、経済成長の鈍化や少子化の加速により、現代の若者世代は、十分な社会保障を享受できない可能性があるのだ。

［524字］

加点ポイント

- **設問の言葉を使用しながら、設問に端的に答えることができている。**
- **それぞれの資料からわかることを「資料①より～」といった形で、しっかりまとめて言及できている。**
- **論理的に資料から読み取れる現象と問題点を説明できている。**

不合格答案

まず資料①より、少子化が進んでいることが読み取れる。
→高齢化について読み取れていない
2010年から2060年にかけて、65歳未満の人口が半数以下になるそうだ。

ここでの問題点は、日本経済の低迷である。少子化が深刻化し、労働
→問題点の理解が誤っている
力となる人口が減少することにより、生産力が低下すると思う。近年では、
→推測を書いてはならない
インドや中国がGDPを上げてきており、日本も人口を増やさなければ国際社会から置いていかれると考える。人口構成が若返れば、新しいアイディアを持つ若い世代が増加し、イノベーションが促進されることが期待できるのではないだろうか。
→設問で聞かれていない内容

次に資料②からは、社会保障給付費が急増していることが理解できる。中でも年金が占める割合は約5割に近づいており、年々深刻化している。また同様に、医療費も増加している。そして、子どもへの給付などが含まれる、その他福祉の費用も増加している。

資料②の問題点は、高齢者に対して払わなければいけない税金が増加することだ。このままでは、若者だけの税金だけでは払い切ることはできないだろう。日本の政府の借金は、世界の中でも非常に多いことで有名である。そのため、これ以上借金に頼ることはできないので、財政破綻してしまう可能性もある。
→設問と関係ない

以上より、資料①からは少子化が読み取れ、日本経済の低迷が問題となっている。そして資料②では、社会保障費給付費の増加が示唆されており、若者への税負担の増加が問題点となっていると私は考える。

［582字］

減点ポイント

- **グラフの読み取りが誤っている。一つ目は少子化しか書かれていない。また、二つ目は「若者だけの税金では払い切ることができない」という部分からズレている。**
- **二つの資料を関連付けて考えられていない。バラバラのものとして読解している。**
- **問題点の理解が誤っている。例えば、人口が減ったからといって、日本経済が停滞するとは必ずしも言えない。**

● 聞かれていないことまで答えている（その問題点への解決策など）。

解説動画はこちらから▶動画7

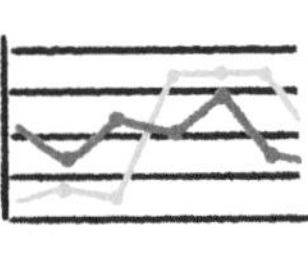

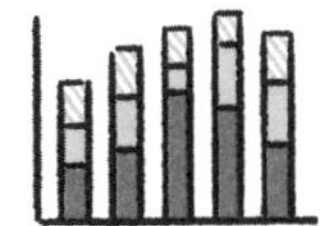

コラム⑥ 講義のある小論文の解き方

小論文の入試では、大学の教授が実際に講義（授業）をした後、その講義に対して小論文を書く場合があります。こうした形式の小論文のことを、「講義型小論文」といいます。「講義レポート型論文」とも呼ばれるこの入試形式は、どの参考書でもほとんど扱っていないため、苦手意識を持つ受験生が多いものです。そのため、ここではそんな講義型小論文について紹介します。

【講義型小論文の流れ】

①講義を受ける。

受講中は、たいていメモが取れます。そして、このメモの取り方が重要です。

②講義内容を踏まえて、小論文の問題に答える。

講義内容を要約した後、自分の考えを述べるパターンがよく出題されます。また、講義に対して自分の意見を述べる問題も出ます。

【講義型小論文のコツ】

実は、講義型小論文で最も重要なことが**「講義のメモ」をしっかり取っておく**ことです。講義の中で重要な点をメモしていくのですが、それが小論文を書くときに重要な要素となります。そこで意識してほしいのが「重要なキーワードを聞き逃さないこと」です。課題文の読解でも同じですが、最も大事なことは何度も繰り返されます。講義をしている教授が、「何を伝えたいのか」に気をつけながら講義を受けましょう。特に、大切なキーワードは、言い換えられることが多いので、注意しましょう。また、教授の声のトーンが上がる場合も、「これが伝えたいんだな」と理解できるでしょう。特に重要な部分に注意して、どう展開していくのかメモしていきましょう。そして、そのメモをもとに、あとは通常のやり方で小論文を書いていきましょう。

7日目

入試問題にチャレンジ！

一通りのパターンを学んだら、
最後に頻出テーマの入試問題に取り組みましょう。
5題用意しましたので、
自分の受験する学部に近いテーマや、
出題されそうなテーマの問題を2題選んで解きましょう。
もちろん、全部解いてもよいでしょう。

7 日目

入試問題にチャレンジ

7日目は、実際の入試問題を用いて問題演習をしていきます。ここでは、今まで学んできたことを総動員して解いてきましょう。

各問題の難易度の基準は、次のとおりとなります。問題にざっと目を通して、自分が受験する学部に近いテーマのものを2題選んで、解いてみましょう。もちろん、時間があれば全部解いてもOKです。

頻出問題①	★★
頻出問題②	★★
頻出問題③	★
総合問題①	★★★
総合問題②	★★★

★………やや簡単
★★……普通
★★★…やや難しい

頻出問題①

頻出問題① 次の文章を読んで、三つの問いに答えなさい。 [90分]

社会学の特異性

世界内専門知としての社会学

社会学は奇妙な学問である。多くの社会学者が「社会学とは対象社会に対して距離をとって外部から観察するものだ」と言っている一方で、差別や不平等や排除を告発する意味を含んだ研究に従事している。あるいはまた、(ア) 社会学と社会科学とはどこが違うのか、社会学の専門領域とは何か、という昔からの問題が今でも存在している。さらには、科学社会学や知識社会学というジャンルが示すように、社会学は自らとは異なる他の専門的学術研究をも対象として語ろうとしている。こんなおかしな学問はほかにはない。

これが社会学の実態であり現状であるのだが、人によってはここに何か「科学」としていびつなものを感じて「社会学っていいかげんだよね」と言いたい気持ちになるかも知れない。実際、そう見ている他分野の科学者も少なくはないように思われる。

しかし、本稿の立場は異なる。この奇妙さないしいびつさこそが社会学の特徴であると同時に、その学問としての意義を宣明していると考えるべきなのである。なぜなら、社会学とは、「社会の共同性の危機を鋭く捉え返して、新しい共同性に向けた意味世界の再構築に参画する学問」だからである。

たとえば「リスク社会」という概念提示が、その社会学の意義を明確に表している。「リスク社会」とは、現代社会が抱えている問題を新しく捉えようとする概念である。この概念を通じて、環境問題、地球温暖化、原子力発電、核兵器など、現代を生きるわれわれにとって切実で困難な問題が新しい視点で捉えられ、問題の構造の解明への探求が水路づけられる。社会学の歴史において、こうしたことは枚挙に暇がない。コント、スペンサー、あるいはマルクスなどの「実証的社会」「産業社会」「階級社会」などの概念がそうであったし、その後の「ゲマインシャフトとゲゼルシャフト」「合理化」「社会化」「アノミー」「大衆社会」「情報社会」などの諸概念がそうである。これらはいずれもよりよい社会への展望を志向しながら時代を診断し、分析し、解釈し、解明していくために提案された諸概念である。

こうした問題意識から出発した社会学であるが、かなり早い時点から「方法論」へのこだわりがきわめて強いという特異な性質を保持し続けている。この点もまた、社会学という学問の特殊性を表している。

なぜ方法論へのこだわりが強いのか。答えは簡単だ。それは、社会学が通常の意味での「科学」の前提的枠組みにどうしてもうまく収まりきらないからである。その前提的枠組みとは、「科学的専門知は、認識者の外に事実として在る対象世界についての客観的知識である」という前提である。社会科学においても、たとえば経済学はあたかも経済活動や市場の動きが対象として存在していて、「経済学的探求とはその対象世界の動向メカニズムを解明することだ」と考えてきている。あるいは心理学は、人間心理という事実的世界が在るという想定のもとに、心理現象を理解するための諸概念やモデルを開発してきた。どちらの場合も、それぞれの学問は、対象世界を対象とするけれどもそれからは独立した科学的営みだという自己理解が存在する。その前提に立つ限り、科学がめざすべき「客観的視点」に立つことは難しいことではない。実験や観測の精度をあげて、理論やモデルをさまざまに工夫していけばいいのである。

幸か不幸か、社会学はそれとはまったく異なる。経済学も心理学も社会学と非常に近い隣接学問であるが、その方法的立場の違いは大きい。何が違うかと言えば、社会学は「本来的に」対象世界と同じ世界にいるのである。ただし、このような理解はヴェーバーやデュルケムとは異なる。二人とも、通常の科学の枠組みを前提にして、社会学を何とかしてその枠組みに収めることができるように、ややアクロバティックな苦闘を繰り広げたのであった。ヴェーバーは社会学も経験主義に徹することで客観的な科学たりうると考えたし、デュルケムは社会的事実をモノのように見なすという擬制的なスタンスで社会学の客観性が可能になると考えた。

どちらも失敗を運命づけられている。なぜなら、社会学は経験主義に徹することはできないし、社会的事実はモノとはまったく違うものだからである。そしてこれらの事情は非常に簡単な事実に由来する。それは、社会的世界は意味世界からなっており、意味はモノではないし経験的方法だけでは接近することができないという事実である。

共同性の亀裂と修復

社会学は、よりよい社会の展望を切り開くという望みに導かれて探求に従事している。よりよい社会とは何か。この問題についてはこれまでいわゆる公共哲学、正義論、あるいは倫理学、道徳哲学などの領域でおびただしい諸学説が展開されてきたが、そこではおおむねよりよい社会あるいは望ましい社会というものについて、何か明確な原理的な解答を提示することが試みられてきた。たとえばミルの自由論や功利主義論では、「他者に危害を与えない限り、人びとは自由である」とか「人びとの主観的な幸福こそが社会の望ましさの第一義的基準を与える」といった原理が提示されている。こうした原理の提示は、人びとの議論を促し、考察を深化させるという点ではたいへん貴重な貢献をなしてはきたが、ある重大な欠陥を有している。この欠陥に、研究者はほとんど気づいていない。それは、こうした原理は決して「すべての人から心からの納得をうる」ことはできない、という問題である。単純に言えば、すべてこうした原理というものは「理屈」なのだ。理屈は議論にとっては大切なものだが、それだけでは人びとを納得させることはできない。そのため、どんな原理に対しても常に批判と懐疑が可能であり、議論は永遠にはてしなく続く。

学術という領域では、議論が永遠に続くのは当然だし、それで何も困ることはない。しかし、現実の社会でははてしなく続く議論では良くないことがある。実際に、何かは決定されなければならず、人びとは行為を選択しなければならないのである。

(イ)よりよい社会とはどういうものであるかについての「原理的な」解答を提示することは社会学の目的でも使命でもない。そうした原理についての探求は、社会学ではない他の学問の領域に属す。社会学がめざしている「よりよさ」というものはもっと慎ましやかでかつ現実的なものだといってよい。それを一般的な言葉で述べるとすれば、やや抽象的な表現ではあるが、「公共的な共同性の拡大」というふうに言うことができるだろう。

現実の社会学の多くの探求が、実際にそうした理念のもとで展開されていることは、たやすく確認できる。たとえば、障害者や母子家庭やエスニック・マイノリティやホームレスやあるいはまた震災や原発で被災した人など、いわば「社会の共同性から取り残されたり排除されたりしている人びと」へのフィールドワークをもとにした社会学的研究がある。こうした研究が取り組んでいるのは、人びとの生活の具体的なレベルで起こっている問題の構造を社会学的に分析し解明することである。それは、単なる行政的な実態調査ではないし、メディア的なドキュメンタリーでもない。

かつては、貧困層の研究や労働者の調査などにおいては、どうしてもマルクス主義を中心とする既存の理論枠組みの影響が強く、せっかくのフィールドワークがそうした既存理論の「再確認」のためだけに役立てられるという傾向が見られたが、幸いなことにそうした大きな物語は衰退してしまった。今では、フィールドワークを実践する社会学研究者は、悪く言えば徒手空拳で、よく言えば白紙の状態で現場に入り、そこで見いだした経験的な諸事実を自分なりに理解して試行錯誤的に組み立てた了解図式のもとで報告するという方法をとらざるを得ない。むろん、既存の理論や枠組みは人によってさまざまに前提されていたり無意識に働いていたりするのだが、比較的はっきりしていることは、「現場で見いだされる事柄の重み」を多くの研究者たちは大切に考えているという点である。

(東洋大学　社会学部)

(出典：盛山和夫「社会は反照的共同性からなる」『社会学の方法的立場』東京大学出版会、2013年、309～314頁より一部改変)

問1：傍線部（ア）について、社会学と社会科学の両者の違いはどこにあるか、本文中からその答えを探し、100字以内で要約しなさい。

問2：傍線部（イ）のように筆者が論じているのはなぜか。その理由について、本文中の別の箇所に基づいて、100字以内で説明しなさい。

問3：社会学という学問分野の強みはどこにあると思うか。本論中の内容に即して、あなたの考えをできるだけ具体的に400字以内で論じなさい。

問1の解説

問1：傍線部（ア）について、社会学と社会科学の両者の違いはどこにあるか、本文中からその答えを探し、100字以内で要約しなさい。

社会学と社会科学の違いを問う問題です。こうした問題の場合、まず本文中の「社会学」と「社会科学」について言及しているところに、線を引くなどして分けてみましょう。

その次に、同じ論点で比較されている点、明確に違う点を探し、整理します。今回の場合、図にするとこのようになります。

社会学	項目	社会科学
社会学	学問	経済学・心理学など
本来的に研究の対象とする世界と同じ世界にいる	方法的立場（49行目）	対象世界は認識者の外に客観的事実としてある
客観的になりきれない	視点	客観的
社会的事実・意味世界	対象	事実・事物

このように、文章を丁寧に読解することが求められる問題では、きちんと分類・整理をする練習を積み重ねることで、だんだん正確に答案を書けるようになります。整理した社会学と社会科学の対比をもとに、両者の違いを解答にまとめてみましょう。

合格答案

社会科学は研究の対象とする世界から独立しており、科学が目指すべき客観的視点に立っているが、社会学は本来的に対象世界と同じ意味世界におり、客観的になりきれない。両者は学問としての方法的立場が違う。（97字）

問２の解説

問２：傍線部（イ）のように筆者が論じているのはなぜか。その理由について、本文中の別の箇所に基づいて、100字以内で説明しなさい。

このような問題を解く際は、まず傍線部を分解して正しく読み取ることが必要です。傍線部はこのようになっています。

（イ）よりよい社会とはどういうものであるかについての「原理的な」解答を提示することは社会学の目的でも使命でもない。

傍線部を分解すると、次のことを明らかにする必要がありそうです。

1 よりよい社会とはどういうものであるか。
2「『原理的な』解答を提示すること」とはどういうことか。
3 社会学の目的・使命は何か。

この3点を明らかにしてくれるヒントを、本文中から探しましょう。

以下は、本文中から該当箇所を抜き出し、内容をまとめたりしたものです。

1 よりよい社会とはどういうものであるか。

＝「公共的な共同性の拡大」（89行目）

2「『原理的な』解答を提示すること」とはどういうことか。

＝原理の提示は、人びとの議論を促し、考察を深化させるという点ではたいへん貴重な貢献をなしてはきた。（72行目）

⟶しかし、すべての人の納得を得ることはできない。原理に対しても常に批判と懐疑が可能であり、議論は永遠にはてしなく続く。（75～79行目の内容）

3 社会学の目的・使命は何か

＝「人びとの生活の具体的なレベルで起こっている問題の構造を社会学的に分析し解明すること」（95行目）

──▶現実的な問題に答えること。

これらのことを踏まえると、傍線部（イ）で筆者が主張していることは、「社会学の使命はよりよい社会に向かって現実的な問題を解明することにあり、そのためには学術的な議論によって原理的な追求をすることよりも、実際の意思決定や社会活動に役立つことが目的なのだ。」ということがわかりました。これで、傍線部（イ）を正しく読み取れたので、最後に、「なぜか」という問いに呼応するよう、「〜（だ）から。」という形で解答をまとめれば、完成です。

合格答案

社会学の使命は現実に生きる人びとのために公共的な共同性の拡大に貢献することであり、原理的な解答の提示を目指すと議論は果てしなく続くため、よりよい社会に向けた実際の行為や意思決定につながらないから。（98字）

問３の解説

問３：社会学という学問分野の強みはどこにあると思うか。本論中の内容に即して、あなたの考えをできるだけ具体的に400字以内で論じなさい。

「社会学という学問分野の強み」に通じる社会学の特性については、**問1・2**を通して確認しました。ここでは、**問1・2**を踏まえて自分の考えを述べる力が問

われています。これまでのように、設問を分解すると、解答作成のときにすべきことは、

1 筆者のいう「社会学という学問分野の強み」はどこかをまとめる。
2「社会学という学問分野の強み」に対して、**1**を踏まえたうえで自分なりに具体例を出して説明する。

となります。では、それぞれについて説明していきましょう。

1 筆者のいう「社会学という学問分野の強み」がどこかをまとめる。

「社会学という学問の強み」についてまとめられているところを引用すると、次のようになります。

- 社会学は、よりよい社会の展望を切り開くという望みに導かれて探求に従事している（64行目）
- 社会学がめざしている「よりよさ」というものはもっと慎ましやかでかつ現実的なもの」（86行目）
- 公共的な共同性の拡大（89行目）

また、今回の合格答案では、「社会学は学問的に、対象世界の内側から諸現象の解明や名付けを行うため、経験主義に基づいた厳格な客観的立場は取り得ない。」と書いたり、社会学の意義を「よりよい社会の構築」ととらえたりすることで本文の論旨と一致させ、設問の指示を満たそうとしています。

2「社会学という学問分野の強み」に対して、**1**を踏まえたうえで自分なりに具体例を出して説明する。

設問にも書いてありますが、「できるだけ具体的に」という指示は重要です。このような場合は、固有名詞や具体的な事象に言及するなど、可能な限りトピックを特定して論じる必要があります。つまり、5日目で学んだとおり、筆者の提示するものとは違った具体例を提示する必要があるのです。もしそれが難し

ければ、筆者の提示した具体例を詳しく掘り下げるという手法を覚えておきましょう。今回は、意見を補強するための例として、フェミニズムを取り上げて説明しています。このような問題のために、受験に向けて一つは自分の詳しいトピックを準備しておくとよいでしょう。

合格答案

社会学という学問分野の強みは、対象世界に対するある種の新しい視点を与えうることであると私は考える。

社会学は学問的に、対象世界の内側から諸現象の解明や名付けを行うため、経験主義に基づいた厳格な客観的立場は取り得ない。しかし、社会学を学ぶことによって我々は自分たちの世界を新しい視点で見ることができ、それを実際の行動に生かすことができる。例えば、従来からの伝統的な制度や価値観・文化は「そうあるべきもの」として受け入れられていた。しかし、社会学に結びつくフェミニズム的気づきや研究が、子どもを産み育てる役割を女性が担い、男性は家庭外の労働に従事するという社会構造を言語化し、批判した。そして、現在では多くの人がこの構造に疑問を持つようになり、男女格差解消を目指し行動している。

このように、社会学は新しい共同性に向けた意味世界を再構築することによって、よりよい社会構築の推進力の基盤となっていると考える。

(399字)

頻出問題②

頻出問題② 日本の人口減少は急速に進行しており、自治体の中には将来的に「消滅」するものが出てくるといった指摘もある。そうした中で、国は「地方創生」と呼ばれる政策を推進し、それを解決するための総合戦略を策定し、全国の自治体にも同様の計画の策定と具体的な取り組みを求めてきた。以下の文章は、内閣府が作成した「まち・ひと・しごと創生総合戦略2018改訂版」に加筆・修正し、資料を加えたものである。以下の文章を読み、設問に答えなさい。 [90分]

日本の人口は、2008年をピークに減少局面に入っている。2017年10月1日現在の人口推計によると、日本の総人口は1億2,670万6千人で、前年に比べ22万7千人の減少と、7年連続の減少となっている。65歳以上の高齢者人口は、3,515万2千人、総人口に占める割合（高齢化中）は27.7%と最高を記録し、日本の高齢化は、世界的に見ても空前の速度と規模で進行している（2019年1月1日時点で総務省が発表した日本の人口は、1億

図1　日本の人口ピラミッドの変化

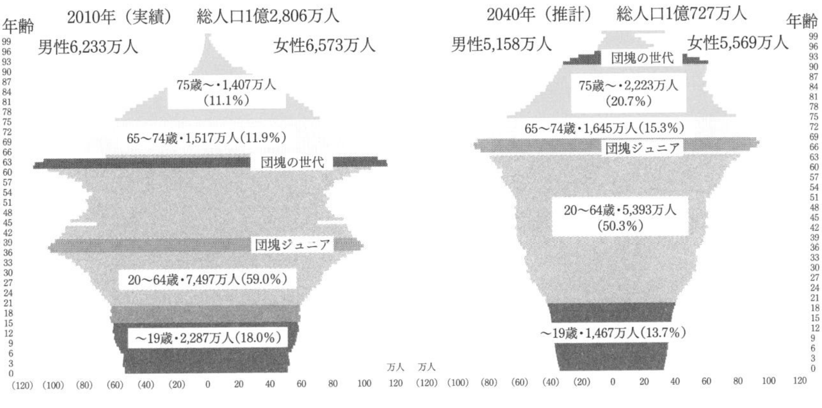

2,477万6,364人で、前年からの人口減としては過去最大の43万3,239人の人口減となっている)。合計特殊出生率(以下、「出生率」という)は、2005年に最低の1.26を記録した後、上昇傾向となり、2015年には1.45まで上昇したものの、2016年は1.44と2年ぶりに低下し、2017年には1.43となった。一方、年間出生数は2016年に97万7千人となり、1899年の統計開始以来、初めて100万人を割り込み、2017年には94万6千人となった。今後の見通しとして、2017年の日本の将来推計人口(出生中位(死亡中位)推計)では、近年の出生率の上昇傾向を反映して、将来の出生率の仮定が1.44と前回の1.35よりも高く設定されており、2065年の総人口の推計は約670万人増加し8,808万人、老年(65歳以上)人口割合の推計は2ポイント低下し38.4%となり、人口減少の速度や高齢化の進行度合は、やや緩和されたものとなっている。

しかし、2018年の日本の地域別将来推計人口では、2040年における推計値について、前回よりも総人口が減少した自治体数は全体の約7割、年少(15歳未満)人口割合が低下かつ老年人口割合が上昇した自治体は約5割となっている。人口規模別に分析すると、人口規模が大きい市町村では人口のピークが後年にずれているところも見られる一方で、人口規模の小さい市町村ほど人口減少や高齢化の傾向が強まっており、前回調査より厳しい状況となっている。2045年の総人口は、東京都を除いた全ての道府県で2015年を下回ると推計されており、全体的な動向において、日本の人口減少に歯止めがかかるような状況とはなっておらず、日本における将来の人口減少と高齢化は依然として深刻な状況である。

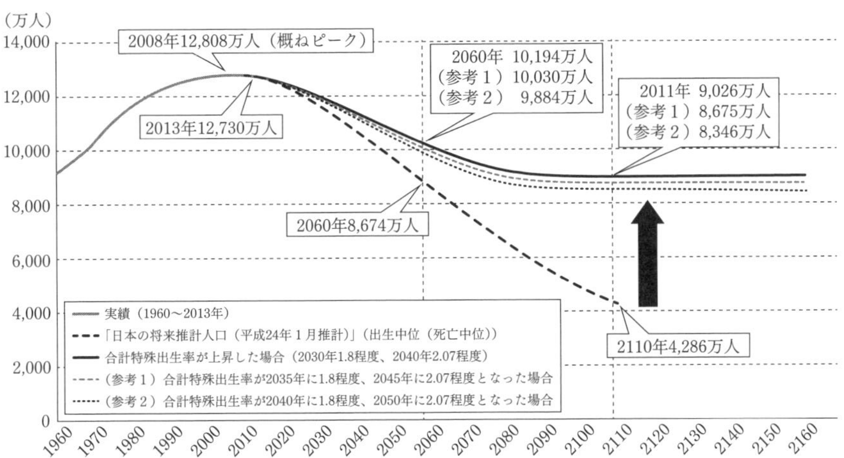

（注１）実績は、総務省統計局「国勢調査」等による（各年10月１日現在の人口）。国立社会保障・人口問題研究所「日本の将来推計人口（平成24年１月推計）」は出生中位（死亡中位）の仮定による。2110～2160年の点線は2110年までの仮定等をもとに、まち・ひと・しごと創生本部事務局において機械的に延長したものである。

（注２）「合計特殊出生率が上昇した場合」は、経済財政諮問会議専門調査会「選択する未来」委員会における人口の将来推計を参考にしながら、合計特殊出生率が2030年に1.8程度、2040年に2.07程度（2020年には1.6程度）となった場合について、まち・ひと・しごと創生本部事務局において推計を行ったものである。

出典：内閣府『まち・ひと・しごと創生長期ビジョン－国民の「認識の共有」と「未来への選択」を目指して－』（https://www.kantei.go.jp/jp/singi/sousei/info/pdf/20141227siryou1.pdf）より作成。

人口移動の面では、東京一極集中の傾向が継続している。2017年に東京圏（東京都、埼玉県、千葉県及び神奈川県）は、大阪圏（大阪府、京都府、兵庫県及び奈良県）や名古屋圏（愛知県、岐阜県及び三重県）が５年連続の転出超過を記録する中で、12万人の転入超過（22年連続）を記録した（転出者数36万２千人［前年比２千人増］に対し転入者数がこれを上回る48万1千人［前年比３千人増］となっており、東京圏への転入超過数は2011年以来５年ぶりに減少した2016年から一転、若干の増加に転じた）。

このような状況の中で、2017年の東京圏の人口は3,643万９千人となり、全人口の約３割が東京圏に集中していることとなる。東京圏への転入超過数の大半は若年層であり、2017年は15～19歳（2万7千人）と20～29歳（9万1千人）を合わせて11万人を超える転入超過となっており、増加傾向にある（2017年は前年比２千人増であった）。また、東京圏以外の地方における15～29歳の若者人口は、2000年から2015年までの

15年間で約3割（532万人）、出生数は約2割（17万人）と、東京圏と比較して大幅な減少（東京圏では若者人口約2割（175万人）、出生数約5%（2万人）の減少）が見られる。そのような中にあって、東京都と沖縄県は15年間で出生数が増加している。

全国の自治体の状況を見ると、東京圏への人口転出超過状態には偏りがある。東京圏への転出超過数の多い自治体は、政令指定都市や県庁所在市などの中枢中核都市が大半を占めている。転出超過上位63の自治体で約5割、200の自治体で約7割、300の自治体で約8割を占めている。道府県別に見ると、転出超過数が多いのは大阪府、兵庫県、愛知県といった大都市圏を構成する府県であり、これに東日本の各県が続いている。

東京圏においては、都心部を中心に子育て世代が特に集中する地域では、保育所等の整備が課題となる一方で、今後高齢化が急速に進展し、2015年から2025年までの10年間で75歳以上の高齢者が175万人増加すると見込まれている。これに伴い、医療・介護ニーズが増大し、医療・介護人材を中心に地方から東京圏への人口流出が一層進む可能性が指摘されている。もとより、東京は引き続き日本の成長エンジンとしての役割を果たすとともに、世界をリードする国際都市として発展していくことが重要である。しかしながら、過度な東京一極集中は、経済活動ではサービス産業を中心とした効率性、日常生活ではその利便性、生活及びビジネスの場面では人や情報の交流の直接性など、集積のメリットを超えて、通勤時間の長さ、住宅価格の高さ、さらに、保育サービスや高齢者介護サービスにおける多数の待機者など、生活環境面で多くの問題を生じさせる。また、図3に見るように、⑴東京都では有配偶者比率が低く、少子高齢化に拍車をかけている。

図３　年齢階層別有配偶者比率（全国と東京都の比較、男女計、2010年）

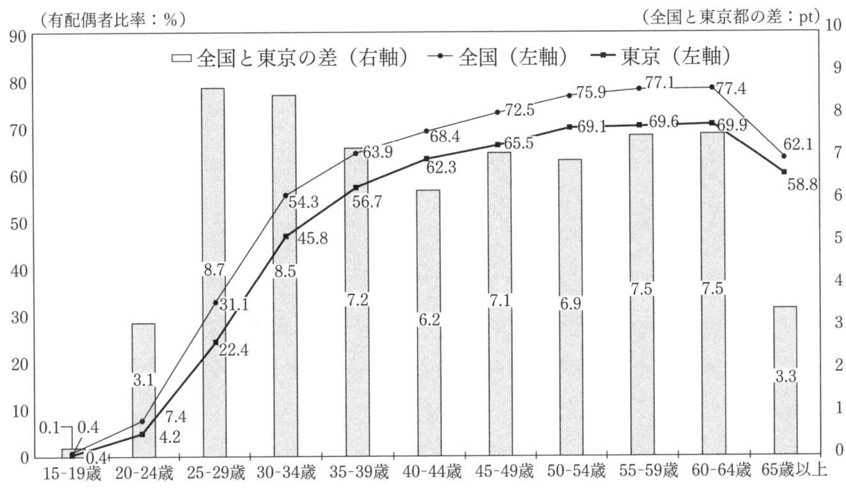

出典：総務省「平成22年国勢調査」より作成。

東京に人や資産が一極集中している状態は、首都直下地震などの東京を範囲とした巨大災害に伴う被害そのものを大きくするのみならず、日本経済全体に大きなダメージを与える。以上から、東京一極集中是正は、国を挙げて取り組むべき喫緊の課題である。

地域の経済動向を見ると、第二次安倍内閣発足前と比較して、完全失業率は全ての都道府県で改善し、有効求人倍率は、史上初めて全ての都道府県で1倍を超え、時間当たりの賃金も全ての都道府県で上昇するなど、雇用・所得環境の改善が続いている。しかし、その一方で、少子高齢化や人口減少といった構造変化もあり、地方によっては経済環境に厳しいところも見られる。消費や生産といった経済活動の動向は地域間でばらつきがあり、東京圏とその他の地域との間には一人当たり県民所得等に差が生じている。また、今後高齢化が更に進展することに伴い、労働供給の停滞が地域経済の成長制約となる可能性がある。加えて、地方において大多数を占める中小企業は、大企業と比べて人手不足感が高まっていることにも注意が必要である。さらに、2025年に70歳を超える中小企業の経営者のうち約半数は後継者未定である。これら後継者未定の中小企業等は日本企業全体の約３割に相当し、そのうち約半数は黒字企業であるため、現状を放置した場合には、地域経済を支える「稼げる企業」が消滅していくおそれがある。

以上のことから、(2) 人口減少と地域経済縮小の克服、経済の好循環が地方において実現しなければ、「人口減少が地域経済の縮小を呼び、地域経済の縮小が人口減少を加速させる」という負のスパイラル（悪循環の連鎖）に陥るリスクが高い。そして、このまま地方が弱体化するならば、地方からの人材流入が続いてきた大都市もいずれ衰退し、競争力が弱まることは必至である。したがって、人口減少を克服し、将来にわたって成長力を確保するため、引き続き以下の基本的視点から人口・経済・地域社会の課題に対して一体的に取り組むことが必要である。

①　「東京一極集中」を是正する

地方から東京圏への人口流出に歯止めをかけ、「東京一極集中」を是正するため、「しごとの創生」と「ひとの創生」の好循環を実現するとともに、東京圏の活力の維持・向上を図りつつ、過密化・人口集中を軽減し、快適かつ安全・安心な環境を実現する。

②　若い世代の就労・結婚・子育ての希望を実現する

人口減少を克服するために、若い世代が安心して就労し、希望どおり結婚し、妊娠・出産・子育てができるような社会経済環境を実現する。

③　地域の特性に即して地域課題を解決する

人口減少に伴う地域の変化に柔軟に対応し、中山間地域をはじめ地域が直面する課題を解決し、地域の中において安全・安心で心豊かな生活が将来にわたって確保されるようにする。

人口減少の克服は構造的な課題であり、解決には長期間を要する。仮に短期間で出生率が改善しても、出生数は容易には増加せず、人口減少に歯止めがかかるまでに数十年を要する。一方で、解決のために残された選択肢は少なく、無駄にできる時間はない。こうした危機感を持って、国及び地方公共団体は、国民と問題意識を共有しながら人口減少克服と成長力確保に取り組むことが求められるというのが日本政府の認識であり、国と自治体は、地方創生に取り組むこととなったのである。

問1：下線部(1)について、東京圏における有配偶者比率の低水準が少子・高齢化の進行を促している理由とそれにともなって生じる課題について300字以内で論じなさい。

問2：下線部(2)について、こうした状況を改善するために、どのような方向性で「地方創生」を実現させるべきかを500字以内で論じなさい。

（明治大学政治経済学部　グローバル型特別入試　総合問題）

この課題文は、少子高齢化や東京一極集中、地方の衰退など現代日本で起きているさまざまな問題がどうつながっているのか、考えてみるのにとてもよい文章です。少子高齢化や地方格差の問題は、大学入試では頻出中の頻出であり、それに相応しい問題だと思います。最初に取り組んだときには難しかった人も、何度か繰り返し課題文を読んで、知識を頭の片隅に置いておきましょう。きっとどこかで使える知識となるはずです。では、解説に入っていきます。

今回の問題は、図表やグラフが出てきたので、難しく感じた人も多かったと思います。特に、少子高齢化の実態に対して、データを用いて詳しく解説されていた部分は、理解できなかったかもしれません。ですが、丁寧に本文を読めば、特別な知識を持っていなくても設問で聞かれていることの答えが見つけ出せる問題でした。重要なのは、細かい数字ではなく、「増加傾向にあるか」「減少傾向にあるか」といった部分です。細かい数字にとらわれることなく、大まかな数字の流れをつかむことができれば、今の日本社会で起こっていることが理解できたと思います。

この問題の場合は、次のポイントを念頭に解く練習をしましょう。

1 事前に設問と傍線部を確認し、何が問われているかをチェックする。
2 キーワードを探し、それを手掛かりに大事な情報をマークする（今回は少子・高齢化/東京圏と地方/地方創生/人口減少など）。
3 グラフや図表が解答に関わるかを分析する。
4 マークした場所から情報を抜き出して整理する。
5 解答にまとめる。

では、設問ごとの解説に移ります。

問1の解説

問1：下線部(1)について、東京圏における有配偶者比率の低水準が少子・高齢化の進行を促している理由とそれに伴って生じる課題について300字以内で論じなさい。

この設問を分解すると、条件としては次の2点となります。

1 東京圏において有配偶者比率の低水準が少子・高齢化の進行を促している理由。
2 **1**に伴って生じる課題。

では、まずは**1**に答えていきましょう。ただし、これを理解するためには、次の2点を考える必要があります。

▼有配偶者比率の低水準は少子・高齢化の進行とどのような関係があるのか？

有配偶者比率とは、夫または妻がいる人の割合ということです。子どもを持つ予定のある人のほとんどは結婚しますよね。つまり、

有配偶者比率が低い＝子どもを産み育てる人が少ない

ということになり、少子・高齢化につながるといえるでしょう。

▼なぜ「東京圏における有配偶者比率」が大事なのか？

本文中には「2017年の東京圏の人口は3,643万9千人となり、全人口の約3割が東京圏に集中している」「東京圏への転入超過数の大半は若年層」と書かれています。

今後、子育て世代となる若者の多くが東京圏に転入しており、なおかつ東京圏の人口はもともと多いです。これらのことから、東京圏で未婚化・少子化が進むと人口動態上の影響は大きいということがいえます。

これで、1は理解できましたね、では2について理解していきましょう。

2では、東京圏から広がる少子・高齢化の課題について考えてみましょう。

まず、東京圏における有配偶者比率の低水準は、東京圏における少子・高齢化につながります。そして東京圏における少子・高齢化は、現在は地方からの若者の流入や出生数の増加によってやや抑えられていますが、これが進むと影響が日本全国に波及し、人口減少はさらに加速すると考えられます。そのあたりは傍線部（2）とも関わっていきますが、今回は300字しかないので、**「東京圏は日本の人口の多くが集中しているので、そこが少子高齢化すると、人口減少への影響が大きい」**くらいの解釈で大丈夫です。

これらの内容を踏まえて、300字以内にまとめてみましょう。

合格答案

有配偶者比率とは、子どもを産み育てる可能性のある人の割合だとみることができる。そのため、有配偶者比率の低水準によって、将来的な出生率の低下にもつながり、少子・高齢化の進行を促しているといえる。また、東京圏には全人口の約3割が集中し、地方から若年層が多く転入している。現在は東京の出生数は全国でも高水準を保っているが、東京圏において子どもを産み育てる予定のある人が少ないということは、今後さらに全国的な少子・高齢化が加速する可能性がある。東京圏における将来的な少子・高齢化によって、日本全体の人口減少の加速や、東京の経済規模の縮小と東京一極化の継続などの課題が予測される。

→設問の言葉を使うことによって、明確に解答しているとアピールすることができ、高得点につながる

→ここでもしっかり設問と同じ言葉を使用できている

（285字）

加点ポイント

- **本文の内容を端的に要約して答えることができている。**
- **設問と同じ文章を引用して、しっかり設問に答えていることを採点官に示している。**

問２の解説

問２：下線部（2）について、こうした状況を改善するために、どのような方向性で「地方創生」を実現させるべきかを500字以内で論じなさい。

この設問を分解すると、解答でおさえたいポイントは、次の3点になります。

1　「こうした状況」に関する正しい理解。
2　**1**を踏まえた改善のための「地方創生」の方向性。
3　**2**を踏まえた「地方創生」を実現させるプロセス。

では、順に解説していきましょう。

1　「こうした状況」に関する正しい理解の解説。

これを理解するために、下線部（2）の内容を簡単にまとめると、「人口減少が地域経済の縮小を呼び、地域経済の縮小が人口減少を加速させる、という負のスパイラルが起きる。」となります。そのため、

- 人口の減少
- 地域経済の縮小

の2点に対し同時にアプローチし、この連鎖を断ち切ることが求められています。

2　**1**を踏まえた改善のための「地方創生」の方向性。

地方創生とは、「東京圏への人口の過度の集中を是正し、それぞれの地域で住みよい環境を確保して、将来にわたって活力ある日本社会を維持する」というゴールを持った一連の政策のことです。

本文には、人口減少と地域経済縮小に対する取り組みの方向性として、次の3点が挙げられています。

◎「東京一極集中」を是正する。
◎若い世代の就労・結婚・子育ての希望を実現する。
◎地域の特性に即して地域課題を解決する。

3　2を踏まえた「地方創生」を実現させるプロセス。

2を踏まえて、考えられる限りの対策を挙げてみましょう。

◎「東京一極集中」を是正する。
→地方への移住に補助金を出して、都市からの移住を促進する。
→東京での利便性が高い「娯楽」や「教育の機会」へのアクセスを地方に広げる。
◎若い世代の就労・結婚・子育ての希望を実現する。
→リモートワークなど自由な働き方を推し進める。
→地方における雇用を拡大させる。
◎地域の特性に即して地域課題を解決する。
→過疎地域におけるインフラ整備を拡充することで、生活環境を整備する。

このように、さまざまな方向性から考えてみましょう。
その中で最も根拠を持って「地方創生」の実現につながると思ったものを選んで書きましょう。設問は「解決策」ではなく、「どのような方向性」と聞いているので、具体的な解決策を詳細に解説する必要はないことに注意しましょう。

3では、**2**の方向性で「地方創生」はどのように進んでいくのか、積極的にその方向性を取るべき理由を示せるよう、有効性や「地方創生」実現のゴール、道筋について述べる必要があります。
合格答案を参考にして、これらの要素をおさえられるように書いていきましょう。

合格答案

地方創生を実現するためには、地方における文化水準や所得水準を上昇させるという方向性を取るべきだと考える。
→設問と同じ言葉を使用する
→設問と同じ言葉を使用する

現在は、地方において人口流出と少子高齢化が進み、地域経済縮小によってさらに人口減少が起きている。この問題を解決し地方創生を実現するためには、地方で生活しながら働き、子どもを産み育てることの魅力を創出し、定住する人々を増やす必要がある。

ここで、人々が地方から転出し地域経済が縮小する理由として、若年層の消費行動を挙げる。都市部には娯楽施設や豊富な商品が集約されており、消費が促されている。地方ではこれらに容易にアクセスすることが難しいため、通販などが促進されて利益が都市部に集中し、若年層の流出も進む。また、都市部には学習塾などが多く存在するが、地方はそのような教育環境が比較的乏しい。そのため、子育てをする世代にとって地方が魅力的でない一面がある。

このように、娯楽や教育の機会などが、地方と都市部の大きな違いであるといえる。そこで、地方創生を実現するためには、まずこのような文化的なものへのアクセスを広げる、もしくは地方にしかない文化を創出し人々にとって魅力的な街を作るべきであると考える。
→設問と同じ言葉を使用する
（498字）

加点ポイント

- **現状の東京一極集中と地方格差の把握が正しくできている。**
- **地方に不足するものの指摘が妥当である。**
- **具体的な解決策に終始するのではなく、あくまで設問に答えることに徹している。**

今回の問題はいかがでしたか？　東京一極集中の問題は、近年では特に少子高齢化や地方の過疎化のテーマを伴って出題されます。このように、現在の日本社会の潜在的な問題というものが、小論文のテーマとしてよく出題されるのです。そのため、社会問題に対する興味関心を育てておくことが、小論文の得点アップにつながります。貪欲に知識を収集していきましょう。

解説動画はこちらから▶動画 8

頻出問題③

頻出問題③

いわゆる「待機児童問題」について、これがどのような問題なのか（どうしてこの問題が生じるのか、どういった事情が解決を難しくさせているのかなど）をわかりやすく解説したうえで、解決策を自由に論じなさい。

［時間60分／字数700字以内］（同志社大学法学部自己推薦入試・改）

設問を分解してみると、答えるべきポイントは次の4点となります。

1 待機児童問題とはどのような問題なのか。
2 どうして待機児童問題が生じるのか。
3 どういった事情が待機児童問題の解決を難しくさせているのか。
4 解決策としてどんなことが考えられるか。

ここで、設問では、「〜をわかりやすく解説した上で、解決策を自由に論じなさい」と述べているので、どちらかといえば解決策をメインで聞いているといえます。そのため、**1**〜**3**に多くの字数を割くのではなく、**4**に字数の4割程度（ここでは260字〜300字くらい）を割くのがよいでしょう。

では、**1**から解説していきます。

1 待機児童問題とはどのような問題なのか

待機児童とは、「保育所に入所を希望していて、入所要件にも該当しているが、入所できていない子ども」のことです。地域差もありますが、子どもを保育所に預けようとしても、預けられない親もいるのです。それによって、子どもの世話をするために、仕事を辞めなくてはいけない人が出るケースもあります。

2 どうして待機児童問題が生じるのか

どうしてこの問題が生じているのか、というと、主に3点の理由があるといわれています。

- 共働き世帯の増加
- 保育士不足、保育所の定員の不足
- 都市部への人口集中

では、それぞれ解説していきます。

◎共働き世帯の増加

女性の社会進出によって、多くの母親がフルタイムの仕事をしているため、共働き世帯となり子どもが取り残される状況になります。そうした場合、保育所に子どもを預けなければ仕事を続けることができません。そのため、保育所に子どもを預けたい人が増加しているのです。

◎保育士不足、保育所の定員の不足

保育士が不足しているため、保育所の定員も不足しています。現在、保育士の資格を取っても保育所に就職する人の割合は約半数となっており、かつ保育所に就職しても、半分が5年以内に辞めてしまうのが現状です。原因としては、激務なことに加えて薄給なことが挙げられます。

◎都市部への人口集中

待機児童の数が最も多いのは東京都であり、首都圏の埼玉県や千葉県、また福岡県や兵庫県でも多くなっています。このように待機児童は主に都市部で生じている問題であり、地方の都道府県では少なくなっています。

このように、待機児童問題にはさまざまな背景がありますので、いずれかの理由について書けていれば大丈夫でしょう。

3 どういった事情が待機児童問題の解決を難しくさせているのか

これについては、依然として東京一極集中が止まりそうにないことなど、日本社会の構造的な問題に言及するのがよいでしょう。特に、政府機関や大企業が地方に移転することは難しい場合が多いことを書いても構いません。

他には、2と重なりますが、保育士不足の背景にある激務や薄給の問題があり、簡単に増やそうとしてもなかなかできない現状に着目してもよいでしょう。

4 解決策としてどんなことが考えられるか

ここでは、解決策に最も多くの字数を割かなくてはなりません。そこで、ここで書くべき解決策としては、**2**で挙げたような待機児童問題の原因にアプローチした策がベストです。

例えば、「保育士不足、保育所の定員の不足」に対しては、「保育士の待遇改善」という解決策をとおして、保育士の数を増やし、保育所で受け入れられる児童の数を増やすことができます。

また、「共働き世帯の増加」によって、子どもを保育所などの施設に預けたい人が増加しているのであれば、政府として保育士や保育施設の建設の援助をしたり、一人親世帯などが仕事の都合で子どもの面倒をみるのが困難な場合には、シッターなどの支援者を依頼するための給付金を支払ったりする解決策などが考えられます。

合格答案

待機児童問題とは、保育所に入所を希望しているが、入所できていない子どもがいる問題のことである。特に、保育の必要性の認定を受けているにもかかわらず、利用できていない子どもが増えていることは重要な問題となっている。

→設問と同じ言葉を使用して設問に答えていることをアピールする

→設問と同じ言葉を使用して設問に答えていることをアピールする

待機児童問題が生じる主な原因としては都市部への人口集中であり、そこから派生した問題として、共働き世帯の増加、保育士不足がある。都市部への人口集中によって、大学進学や就職のために、主に東京を中心とした都市部に転入する人口が増えている。それに伴って、女性の社会進出が重なり、女性が家庭で子育てをするという状況を作り出せなくなっている。また、子どもを保育所に預けようにも都市部だと保育所の定員不足のため必ずしも預けることができない。そのような状況下では、保育士は薄給で激務、かつ一人で多くの子どもとその保護者の対応をする必要があるため、保育士が増えづらい。こういった事情が、この問題の解決を難しくさせている背景でもある。

→ここでも設問と同じ言葉を使用して、設問に答えていることをアピールしている

→「どういった事情が待機児童問題の解決を難しくさせているのか」に答えている

解決策としては、政府、地方自治体、企業の三方向からの支援が必要だと考える。政府や地方自治体は、保育士の待遇を手厚くし、保育施設を適切な場所に適切な数を建設するような取り組みを行うことで、待機児童問題の要因の一つとなる保育士の供給問題の解決の糸口になるだろう。企業は現在あるベビーシッター事業などの保育事業の活用を広く推奨して、女性が働きに出ている家庭の子育て支援をすることで、女性の社会進出が著しい社会情勢での保育サポートが可能になる。以上より、子育ては未来世代を育成する個人、企業、政府が取り組むべき事柄として、相互に協力し解決できる環境や制度作りが必要だと考える。 (700字)

→ここでも「解決策としては～」と言及することで設問に答えていることを提示

加点ポイント

- **設問で問われていることを十分に満たすことができている。**
- **待機児童問題の原因と解決策が論理的につながりのある内容である。**
- **解決策に妥当性があり、実際に実行されている解決策である。**

解説動画はこちらから▶動画9

総合問題①

これまでの総復習として、総合問題に取り組んでみましょう。受験本番までに本問レベルの問題を（見直しの時間含め）90分で解けるようになればひとまず上出来です。

総合問題①

次の図1～4とそれに続く文章について、問1、2に答えなさい。 ［90分］

図1　不平等

図2　平等

図3　公平

図4　不公平

〈図についての補足説明〉

・3人の子どもは柵の向こうの動物を見たいが、背の低い子どもは手前の柵と生垣が視界を遮って見ることができない状態である。
・図2～4において、背の高さを補うために箱を台に使っている。箱は3つある。
・子どもが手を挙げていることにとくに意図はない。

問1：図1〜4では、「不平等」「平等」「公平」「不公平」の概念が表現されている。それぞれのイラストからそれらの概念がどのように読み取れるか、説明しなさい。（300字以内）

問2：以下の文章では、「平等」や「公平」を実現していくために「公正（justice,fairness）」という概念が重要であると主張されている。この考え方に基づいて、図1〜4のイラストにおいて「公正」を実現するためには何が大切かを考察するとともに、「公正な教育」「公正な貿易」などの具体的な社会課題を事例に挙げてあなたの考えを述べなさい。（600字以内）

公正な社会においては、すべての人に機会が「平等」に与えられ、その人の努力や成果が「公平」に評価されるとともに、社会のさまざまな資源も「公平」に分配されることが大切だと考えられる。そうした「平等」や「公平」を実現していくためには、もっと「公正」を重視した話し合いのプロセス、すなわち、個人や集団の生命や尊厳、自由や権利などに関わる重要な事柄について何か決定をする際に、そのプロセスが広く公開され、特定の個人や集団の私利私欲から離れて、正当な手続きによって進められていく必要がある。

（関西学院大学　総合型選抜　サンプル問題）

（西あい、湯本浩之（2017）『グローバル時代の「開発」を考える』明石書店 pp.90-92より、一部改変）

問1の解説

問1で問われていることは、「不平等」「平等」「公平」「不公平」の概念が図にどう表れているか説明することです。具体的に表にまとめたので、次の表を見てください。

	図からわかること	読み取れる概念は？
図1 「不平等」	BとCは動物を見られない。	何も対策を講じず、格差や不利益がそのまま残っていること。
図2 「平等」	全員の目線の差は変わらず、Cは動物を見られない。	格差を考慮せずにすべての人に一律の対策を講じること。
図3 「公平」	全員が同じ目線になり、動物を見ることができている。	格差に応じて対策を変えて、不利益を解消すること。
図4 「不公平」	目線の差は広がっていて、Cは動物を見られない。	対策が不適切で、かえって格差を広げてしまい、不利益も解消していないこと。

※便宜上、図の中で身長が高い順に左からA、B、Cとします。

設問に「説明しなさい」とあるので、あくまでも図から読み取れる内容のみを書くことが重要です。そこで、第一に図からどんなことがわかるか確認しましょう。それぞれの図を見ると、箱を誰にいくつ与えたかが異なることがわかります。それに応じて違いがどう生じているか、丁寧に考えましょう。

第二に、そこから読み取れる概念はどのようなものか確認しましょう。すなわち、図から「○○とは、～ということだ」といえる内容は何か、ということです。言葉は人それぞれになるかと思いますが、背の低い子どもが動物を見られない状態を「不利益」、3人の子どもの目線の差を「格差」、箱を「対策」と言い換えるとよいでしょう。

合格答案

図1では、誰も箱を使わず最も身長の高い子どもしか動物を見られていない。よって「不平等」とは何の対策もなく不利益が残ってい

ることを指す。図2では、全員が箱を一つずつ使用している。よって「平等」とはすべての人に一律の対策を講じることを指す。図3では、身長の低い順に2個、1個、0個の箱を使うことで、全員が同じ目線で動物を見られている。よって「公平」とは格差に応じた対策で不利益を解消することを指す。図4では、身長の高い順に2個、1個、0個の箱を使うことで目線の差が広がり最も身長の低い子どもは動物を見られていない。よって「不公平」とは対策がかえって格差を悪化させ、不利益も解消していないことを指す。

(297字)

問2の解説

設問を分解してみると、**問2**で問われていることは、図1～4のイラストで「公正」を実現するには何が大切か考察すること、及び具体的な社会課題を挙げて考えを述べることです。そのためには、次の3点が必要です。

1 課題文の読解。
2 図1～4のイラストで「公正」の実現には何が大切か考察。
3 社会課題の具体例を挙げて「公正」の実現には何が大切か考察。

では、順に解説します。

1 課題文の読解

課題文に「平等」や「公平」といった言葉が出てきますので、**問1**の理解が必要になってきますね。課題文の内容と合わせて、次の2点をおさえましょう。

- 公正な社会とは、すべての人に同等の機会が与えられている一方で(平等)、格差に応じて不利益が生じないような努力や成果の評価と、資源の分配が保障された社会である（公平）こと。

● 公正な社会の実現には、正当な手続きによる意思決定が必要であること。

2 図1～4のイラストで「公正」の実現には何が大切か考察

図3ではすべての子どもが動物を見られてはいます。ただ、目線が高くなれば広い視野で見渡せるわけですから、Aも本当は箱が欲しかったにもかかわらず、しぶしぶCに渡したのかもしれません。このような不利益が生じないために、つまり公正な社会の実現のために誰もが満足のいく正当な手続きが必要になってくるわけです。具体的には、他の子どもの事情を踏まえつつ、誰がいくつの箱を使うのが妥当か、3人で話し合う機会を設けることが考えられます。

3 社会課題の具体例を挙げて「公正」の実現には何が大切か考察

問2の設問では「公正な教育」と「公正な貿易」が例として挙げられていますが、合格ラインに達するという目標からすると、答案にそのままこれらの例を挙げたからといって不合格にはならないと思われます。問題文に例示されたもの以外の例を扱う場合も、論理的に書ける社会問題を挙げられているかには、特に注意しましょう。（例として、「公正な労働」、「公正な福祉」などが挙げられます。「公正な世界」などはあまりにも広いテーマですので避けたほうがよいでしょう。）答案にどう書くか考える際には、課題文の内容に沿って考える必要があります。本問では、社会課題の何が不利益で、どのような機会が同等に与えられるべきか、「公正な○○」の実現に必要な正当な手続きは何か、という視点が必要です。

合格答案

図1～4のイラストで「公正」を実現するには3人で話し合うことが大切である。
→問われていることに対する主張

まず、公正な社会とは、すべての人に同等の機会が与えられている一方で、格差に応じて不利益が生じないような努力や成果の評価と資源の分配が保障された社会のことである。そして、このような社会の実現には、正当な手続きによって意思が決定される必要がある。
→読解内容のアピール。今回はこのような課題文の焼き直しでも十分かと思われる

図1～4のイラストを見ると、図3では身長に応じて箱を配分し、全員が動物を見られている。ただ、例えば子どもたちの親が無理やり箱を配分したような場合は、最も背の高い子どもの意向が不当に遮られて決まった配分ともいえるため、公正は実現されていない。そこで、正当な手続きが必要であり、3人が話し合い、相手の立場や意見を尊重しながら箱の配分を決定することが必要である。

これは公正な貿易の実現にも同様に当てはまる。国際的な貿易には、
→今回は公正な貿易で解答
安価で商品を輸入するために貧困地域の労働者に格安の賃金労働を強いることがあるという社会課題がある。これでは、労働者という弱い立場によって不当に評価されており公正ではない。そこで、消費者と貧困地域の生産者、そしてその労働者が対等に交渉する場を設け、価格を決定するべきである。

以上より、図1～4のイラストや公正な貿易においては、正当な話し合いや交渉の場を設けることが大切であると考える。　(556字)
→序論を簡潔にまとめる。今回は課題文からして、つまるところ「正当な手続き」の話になる

総合問題②

総合問題②

以下の資料を読み、後の問題に答えなさい。　[60分]

以下の3つのグラフは、2017年10月末現在の日本の外国人労働者の就労状況を示している。

図1　在留資格別に見た外国人労働者数の推移

（厚生労働省「外国人雇用届出状況一覧」平成29年10月末現在より）

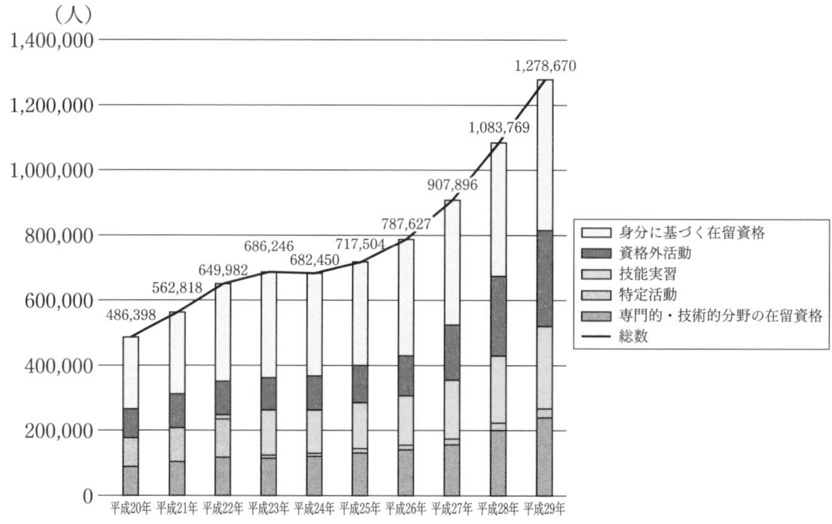

注1：「身分に基づく在留資格」とは、日本において有する身分または地位に基づくものであり、永住者、日系人等が該当する。

注2：「資格外活動」とは、本来の在留目的である活動以外に就労活動を行うものであり、留学生のアルバイト等が該当する。

注3：「技能実習」とは、平成22年7月の入国管理法改正により新設された在留資格のこと。外国人の技能実習生が、日本において企業や個人事業主等の実習実施者と雇用関係を結び、出身国において修得が困難な技能等の修得・習熟・熟達を図るもので、期間は最長5年。

注4：「特定活動」とは、法務大臣が個々の外国人について特に指定する活動を行うもの。

注5：「専門的・技術的分野の在留資格」とは、就労目的で在留が認められるものであり、経営者、技術者、研究者、外国料理の調理士等が該当する。

図2　国籍別外国人労働者の割合

（厚生労働省「外国人雇用届出状況一覧」平成29年10月末現在より作成）

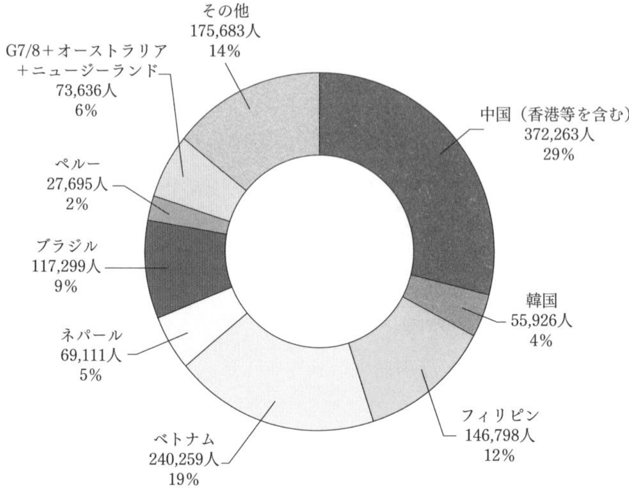

図3　産業別外国人労働者数

（厚生労働省「外国人雇用届出状況一覧」平成29年10月末現在より作成）

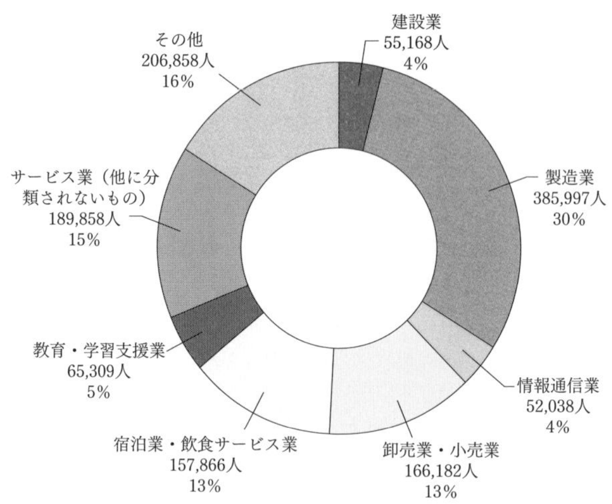

問1：3つのグラフから読み取れる日本の外国人労働者の就労の特徴を250字以内で簡略に記述しなさい。なお、図1中の外国人労働者の在留資格については注を参照のこと。

問2：問1であなたが記述した日本の外国人労働者の就労の特徴は、日本社会が直面しているどのような現状を反映していると考えられるか。あなたの考察を、3つのグラフを参照しつつ、300字以内で具体的に述べなさい。

（関西学院大学 グローバル入試）

問1の解説

問1:3つのグラフから読み取れる日本の外国人労働者の就労の特徴を250字以内で簡略に記述しなさい。

この設問を分析すると、条件は次のようになります。

> 3つのグラフから日本の外国人労働者の就労の特徴を読み取る。

グラフから読み取った内容のみが答案で求められていることがわかりますね。では、6日目の復習も兼ねつつ、解説していきます。

資料を読解するためのステップ

Step 1:数値/単位を必ずチェックする
Step 2:全体的な傾向を把握する
Step 3:特徴的な(例外的な)部分を見つける
Step 4:表やグラフの背景にある事象を見抜く　※今回は**Step 5**は割愛。

以上の手順に当てはめて考えましょう。

今回は数値に関してはあまり言及してなくてよいと思うので、**1**は割愛します。**Step 2～4**については、各資料ごとに説明します。

▼図Ⅰから読み取れる日本の外国人労働者の就労の特徴

Step 2:外国人労働者の数が年々増加している。

Step 3:各年度の割合別で見ると、「技能実習」が平成23年以降上昇し、「資格外活動」は年々わずかに上昇している。一方で、「特定活動」の割合は平成22年度以降減少している。

Step 4:グラフの背景には、少子高齢化による労働力の減少があり、そのため他国からの外国人労働者の受け入れが増加している。

▼図2から読み取れる日本の外国人労働者の就労の特徴

Step 2：アジアからの外国人労働者が多く、全体の約7割（69%）を占める。

Step 3：国別に見ると、「中国」「ベトナム」「フィリピン」「ブラジル」の順に数が多い。

Step 4：2の背景としては、地理的に近いため、日本の近隣の発展途上国から来る労働者が多いということがある。加えて出稼ぎの側面があるともいえるだろう。

▼図3から読み取れる日本の外国人労働者の就労の特徴

Step 2：製造業が全体の3割（30%）を占め、合計すればサービス業も多い。

Step 3：サービス業（「情報通信業」「卸売業・小売業」「宿泊業・飲食サービス業」「教育・学習支援業」も含む）の合計が全体の約5割を占める。

Step 4：製造業や宿泊業など、肉体的に負担のかかる労働や単純作業の労働が多くなっている。この業界は、日本国内の少子化という遠因もあり、慢性的に人手不足となっているという背景から、外国人によって埋め合わせしている現実がある。

上記の内容を、設問に対応するように250字以内にまとめましょう。字数の都合上、それぞれの図における**Step 2・3**を書き出すのみで十分です。字数がさらに多かった場合は、**Step 4**に関して書くこともできますし、複数のグラフを組み合わせて読み取れることも書けます。字数に合わせて、書く内容は優先順位が高いものから書いていきましょう。優先順位はあくまでも設問で聞いていることで決まります。

合格答案

日本の外国人労働者の就労の特徴について、図1から、外国人の労働者が全体的に増え続けていることに加え、在留資格の内訳のうち「技能実習」の割合が平成22年度の新設から年々上昇を続けていることがわかる。また、図2から、平成29年における外国人労働者全体の約7割がアジア出身であることがわかる。図3からは、外国人労働者は、製造業とサービス業で約7割以上が就労していることがわかる。具体的には3割が製造業に勤めているほか、「宿泊業、飲食サービス業」や「卸売業、小売業」をはじめとするサービス業にも従事している。　(248字)

加点ポイント

- **グラフから読み取るべき事実をポイントをおさえて示せている。**
- **年度や数値を示すことで、正確な理解を表現できている。**
- **「図1から〜」のように、どこから読み取ったかを明確にしている。**

解説

この解答例のように、「図1から〜」と書くことによって、何をどこから読み取ったかをアピールできます。グラフ問題では、必ず「どこから読み取ったのか」「何を読み取ったのか」を明確にした解答が好まれます。今回の場合は、制限字数が250字しかないため、「まとめ」が書かれていません。しかし、もう少し字数が多い場合は、「このように〜」といった形で、複数のグラフを組み合わせていえることを追加して書きましょう。

問2の解説

問2：問1であなたが記述した日本の外国人労働者の就労の特徴は、日本社会が直面しているどのような現状を反映していると考えられるか。あなたの考察を、3つのグラフを参照しつつ、300字以内で具体的に述べなさい。

まずは、設問を分解しましょう。

1 問1で記述した特徴は、日本社会が直面しているどのような現状を反映しているかを説明する。
2 3つのグラフを参照しながら、自分の考察を述べる。

グラフには「日本社会が直面している現状」についてはっきり書かれていませんから、グラフを読み取ったうえで考えられる主張が答案に求められていることがわかります。この前提をもとに、解説していきます。

▼グラフからどのような現象が読み取れるか

グラフや資料がある小論文の問題では、あくまでもグラフに示された事実について言及しつつ、自分の主張やその根拠を考えることが求められています。そのため、グラフや資料の的確な読み取りは重要です。

この問題では、**問1**で述べた特徴をもとに「日本社会が直面しているどのような現状を反映しているか」についてまとめていきましょう。

▼どのような考察ができるか

では、グラフから読み取った内容をもとに、日本社会が直面している現状について考えていきましょう。考える際には、前提として日本や世界がどのような社会なのかを知っておくと、比較的容易に答案を構成しやすいでしょう。特に問題となっているのは少子高齢化ですが、志望学部に関係なく、グローバル社会や情報化社会、少子高齢化社会、多文化社会といった「○○社会」という用語はおさえておきましょう。現在、少子高齢化によって日本人の生産年齢人口（働ける人の数＝15歳以上65歳未満の人口）の割合が減少しています。それによって、あらゆる業界で人手不足が加速しています。特に、肉体労働やサービス業は人手不足が顕著です。図1でわかるように技能実習生の増加や、図3でわかるように製造業やサービス業に従事する外国人労働者の割合の多さから、比較的に単純作業や、肉体労働を外国人労働者が担っていると考えられます。これらを組み合わせて考えると、少子化によって日本人のみでは確保できなくなった労働力を、グローバル化に伴い、技能実習生で補っているといえるでしょう。このように、グラフや資料に書かれた事実と自分の考えを組み合わせながら、主張を考えることが大切です。

以上、一つの考え方を例示しましたが、これだけが答えであるわけではありません。答案を作成する際には、図に表れている事実のうちどこを根拠にしたのか、どのような考えが導けるかを明確に書くようにしましょう。

合格答案

日本の外国人労働者の就労の特徴は、日本人の労働力が不足しているという現状を反映していると考える。出生率が下がり少子高齢化社会となったことで、結果的に生産年齢人口が減少していることがその背景として存在している。

図1からは、日本の不足した労働力を、特に技能実習生や資格外活動の労働者が補っていることがわかる。そして、図2からは主に近隣諸国からの労働者によって日本の労働力を補填していることがわかる。図3からは、製造業やサービス業に勤める外国人労働者の多さが読み取れるため、特に日本で人手不足になりがちな単純作業や肉体労働の職を外国人労働者によって補っていることが考察できる。（285字）

加点ポイント

- **日本社会のどのような現状について考えたか的確に表現できている。**
- **図のどこをもとに記述したのか、明確に表すことができている。**
- **現代日本の社会的背景や問題点を踏まえた考察になっている。**

おわりに

ここまで読んでいただき、本当にありがとうございます。この本を最後まで学習できただけでも、小論文の本質を少しはつかめたと思います。みなさんの合格と幸福を、心の底から祈っています。

現在、コロナウイルスの感染が拡大していますが、そんな危機的な状況の中で、この本を執筆してきました。日々の生活が全く変わってしまったこの状況に、多くの人が危機感を持って生きていると思います。私自身、そうでした。

今後、日本では南海トラフ巨大地震や首都直下型地震なども起こることが予想されています。加えて、国際情勢はさらに悪化しているため、第三次世界大戦も10年以内に勃発するのではないかともささやかれています。

これからは、「何が起こっても不思議ではない」という激動の時代に突入することでしょう。まさに、コロナウイルスによるパンデミックは、それを象徴しているように思います。みなさんは、そんな波乱の時代を生きることになるかもしれませんが、ぜひ強く生きていってほしいと願っています。実は、そのような時代を生きるために重要なことこそ、小論文を通して学んだ「教養」であり「論理的思考力」なのです。波乱の時代では、私たち一人ひとり冷静な判断が重要です。小論文で培ったリテラシーこそが、社会をよりよくする原動力となることでしょう。

加えて、忘れてはいけないことは、思いやりに溢れた人間として生きることも大切ということです。これからは、何が正しいのかわからない時代かもしれません。ですが、そんな中であったとしても、利よりも義を選択するような人であって欲しいと願っています。大学受験に合格することよりも、よりよい人間として生きることの方が、本当は大切なことなのですから。

謝辞

この執筆に関わっていただいた全ての人に感謝いたします。特に学研の志村俊幸さん、そして編集者の細川順子さんの協力がなければ、このような本を出版することは叶いませんでした。このような機会をいただき、感謝申し上げます。

私を支えてくれた多くの人にも感謝したいです。まず、弊社代表の小澤忠社長には、この本の出版のために尽力していただきました。本当にありがとうございます。加えて、2ヶ月という短い執筆期間の中で執筆を手伝っていただいた方々には、頭が上がりません。特に京都大学法学部の大塚直人さんには格別の助力をいただきました。加えて、AOI小論文の礎を共に築いてきた福井悠紀さんにも、内容・文章の修正に関してご協力いただきました。皆さんのおかげでこの本を出版することができたと思います。

さらに、私が大学で関わった人にも感謝したいです。恩師であり、学問の楽しさを教えていただいた澤邉紀生先生には、長い間本当にお世話になりました。また、澤邉ゼミからわざわざ私の会社に貢献してくれた西澤一輝くん、澤井優斗くん、杉田世奈さんには、長く助けられました。

そして、最後に両親にも感謝したいと思います。ありがとうございました。

執筆協力

大塚直人、沖中優麻、小林華、鵜飼航、土田亮、足立祐、福井悠紀

河守晃芳

MEMO

著者プロフィール

河守晃芳 Akiyoshi Kawamori

1995年、静岡県焼津市生まれ。京都大学経済学部経済経営学科卒業。AOIには創業メンバーの1人として、2016年から参画。創業当時から小論文の指導に関わり、長らく小論文のカリキュラム責任者を務めた。添削してきた小論文の答案数は1万枚以上に上り、あらゆる分野の小論文の問題に精通している。現在ではAOIを退社しており、一般企業に勤務している。

読み方&書き方を完全マスター!

7日間で合格する小論文

STAFF

ブックデザイン	三森健太＋永井里実(JUNGLE)
イラストレーション	かざまりさ、勝野真美
編集協力	鈴木瑞穂、佐藤玲子、留森桃子
データ作成	株式会社四国写研
印刷所	株式会社リーブルテック